意義的意志

弗蘭可意義治療法七講

THE WILL
to
MEANING

FOUNDATIONS AND APPLICATIONS OF LOGOTHERAPY

VIKTOR E. FRANKL

弗蘭可　著

宋文里　譯

意義的意志：弗蘭可意義治療法七講

The Will to Meaning: Foundations and Applications of Logotherapy

作　　　者	弗蘭可 Viktor E. Frankl	
譯　　　者	宋文里	
責任編輯	賴逸娟	
行銷企畫	陳詩韻	
總 編 輯	賴淑玲	
設　　　計	鄭宇斌	
排　　　版	謝青秀	
社　　　長	郭重興	
出　　　版	大家出版／遠足文化事業股份有限公司	
發　　　行	遠足文化事業股份有限公司（讀書共和國集團）231新北市新店區民權路108-2號9樓	
電　　　話	02-2218-1417	
傳　　　真	02-8667-1851	
劃撥帳號	19504465　戶名・遠足文化事業有限公司	
法律顧問	華洋法律事務所　蘇文生律師	
定　　　價	新臺幣420元	
初　　　版	2023年11月	

The Will to Meaning: Foundations and Applications of Logotherapy
All rights reserved including the right of reproduction in whole or in part in any form.
© 2023 by Common Master Press
This edition published by arrangement with Plume, an imprint of Penguin Publishing Group, a division of Penguin Random House LLC.

ＩＳＢＮ　978-626-7283-23-3（紙本）
　　　　　978-626-7283-49-3（EPUB）
　　　　　978-626-7283-50-9（PDF）

國家圖書館出版品預行編目(CIP)資料

意義的意志：弗蘭可意義治療法七講 / 弗蘭可
(Viktor E. Frankl)作；宋文里譯. -- 初版. -- 新
北市：大家出版，遠足文化事業股份有限公司，
2023.11
　面；　公分
譯自：The will to meaning : foundations and
applications of logotherapy.
ISBN 978-626-7283-23-3 (精裝)
1.CST: 心理治療法

178.8　　　　　　　　　　　　　112006681

謹以此書紀念奧波特。[1]

目　　錄

序　5

緒論：心理治療的處境以及意義治療法的地位　11

Part 1　意義治療法的基礎　*25*

chapter 1　心理治療的臨床後設含意　27

chapter 2　自我超越之爲人的現象　49

chapter 3　意義是什麼意思？　73

Part 2　意義治療法的應用　*111*

chapter 4　存在的空虛：對精神醫學的挑戰　113

chapter 5　意義治療的技法　133

chapter 6　醫療事工　157

chapter 7　結論：意義的面向　189

後話：意義治療法的去大師化作用　207

譯者筆記　幾則　225

1　奧波特（Gordon W Allport, 1987-1967）是「人格心理學」這個次學門
　　（sub-dvision）的創立者之一，通常會被歸類在廣義的「人本主義心理學」
　　之列，但嚴格說，他和人本主義心理學中特別強調的存在主義哲學沒有
　　直接的關聯。弗蘭可在此書中把奧波特和人本主義心理學者並列，是因
　　爲他們在面對佛洛伊德學說時，把佛氏視爲「共同敵人」。

序
Preface

本書是由一系列受邀演講稿彙輯而成。邀請者是德州達拉斯的南美以美大學（South Methodist University）的普金斯學院（Perkins School），時在 1966 年的暑修班。我被指定的講題是解釋意義治療法特有的體系。雖然有不少作者指出：相對於其他學派的存在主義精神醫療法而言，意義治療法已發展出某種確定的心理治療技法，但知道的人不多。那是迄今為止唯一在概念上能自成體系的治療法。[1]

為了處理此一體系的基礎，本書各章就要來談談意義治療法背後的基本假定以及一些主張。各章之間形成了一個關

1　在義大利文譯本的《活出意義來》（*Man's Search for Meaning*）一書中，譯者 Juan Battista Torello 在其導論中有這樣的觀察。譯注

聯網，要之，意義治療法有以下三個基本概念：（1）意志的自由；（2）朝向意義的意志；（3）生命的意義。

（1）意志的自由包含了決定論（determinism）與泛決定論（pan-determinism）相對的問題。（2）意義的意志所討論的概念乃是有別於朝向權力的意志以及朝向享樂的意志，正如在阿德勒和佛洛伊德的心理學中所呈現的那樣。準確地說，「權力意志」一詞的鑄造者是尼采而不是阿德勒，至於「享樂意志」一詞，代表了佛洛伊德的「享樂原則」，則是我自己的說法，而非佛洛伊德本人。更且，享樂原則應該以更寬廣的平衡原則（homeostasis principle）概念來看待才對。在批評以上兩概念之同時，我們也應該更仔細詳論意義治療法的動機理論。（3）生命的意義是討論有關相對論（relativism）與主觀論（subjectivism）之間對立的問題。

在本書中討論意義治療法的應用時，也包含了三個問題面向。首先，意義治療法可運用於處理**智因**的精神官能症（noogenic neuroses）；[2] 其次，意義治療法也運用於處理一般意義下的精神官能症；第三，意義治療法還用來處理

2　「noogenic」這個詞是弗蘭可特意打造出來的，專指存在主義脈絡下所發現的、將「存在的空虛」作為病因而導致的精神官能症。這個字的字根「no-」在希臘文中是「智」之義，故譯為「智因（的）」。但要特別強調：這是「智慧」的智，被「理智」的智混淆，因而致病。譯注

身體因素的（somatogenic）精神官能症，或更廣泛的身心症（somatogenic disease）。[3] 我們就會看見，屬於人類的所有面向，都會反映在這套主題的關聯網之中。

在本書的〈緒論〉一章中，意義治療法會和其他治療法學派的觀點並列，特別是與心理治療領域中的存在主義（existentialism）。到了本書的末章所處理的，乃是意義治療法與神學的對話。

我在本書中曾儘量嘗試把意義治療法的最新發展包含進來，以便能在個體的原則上以及具體的服務上都能有詳細的材料以資說明。不過，就是這份提供整個體系全貌的意圖，使我不得不將一些在先前出版的書中已經出現過的材料囊括進來。[4]

我所謂的「存在空虛」（existential vacuum）之說，對於當前的精神醫學構成了一場挑戰。愈來愈多患者的訴苦是感覺到空虛與無意義，然而在我看來，是衍生自兩項事實。人不

3　關於「身體因素」的精神官能症與「身心症」，在弗蘭可的用法上有所區別，但在當前的中文環境下，常是指同一個概念，亦即都屬於「精神科」醫療範圍內的疾病。但嚴格區別有時是必要的，因爲許多「身心症」患者首先要看的應是內科，而不是精神科。譯注

4　參見以下各書：Viktor E. Frankl,《活出意義來》; *The Doctor and the Soul: An Introduction to Logotherapy*; *Psychotherapy and Existentialism, Selected Papers on Logotherapy.* 原注

像動物那樣，要聽從本能說你一定要做什麼。還有，現在的人跟從前的人不一樣，不再聽從傳統告訴你應該做什麼。人甚至常常不知道他基本上想做什麼。反過來說，他要嘛想做別人都在做的事（從眾主義〔conformism〕）；不然他就只能做別人要他做的事（極權主義〔totalitarianism〕）。

我希望我能夠成功地向讀者傳達我的信念：不管傳統怎麼崩塌，生命對於每一個人來說都是有意義的，更有甚者，這意義實際上會維持到人嚥下最後一口氣為止。而精神科醫師也有辦法向他的患者展示：生命從未停止「有意義」這回事。更明確地說，醫師無法向患者展現意義是什麼，但他很可以展示的就是有意義，而生命就是在頂著、扛著，無論在什麼條件下，生命都是充滿意義的。意義治療法得來的教訓是說：甚至在生命最悲劇、最負面的面向，譬如無法避免的苦難，都可能藉由人在面對困境時所承受的態度，而將之轉變為人類的成就。意義治療法和其他的存在主義學派相對而言，就是絕對不悲觀，對它而言，最現實的乃是能夠面對人類存在處境中環環相扣的三種悲劇：痛苦、死亡與罪疚。把意義治療法叫做樂觀，堪稱公允，因為它能夠向患者展現的，正是如何把絕望轉變為勝利。

在像我們這樣的時代裡，傳統正在式微，因此精神醫學必須視為首要任務者，就在於幫人裝備好發現意義的能力。

在這個年代中，十誡對許多人而言已喪失其無條件的效度，
人竟得在他一生的千萬種處境中，學會聽出隱含其中的千萬
條誡律。在這情況下，我希望讀者可聽出，意義治療法是在
面對著時時刻刻的需求。

緒論
心理治療的處境以及意義治療法的地位

Introduction: The Situation of Psychotherapy and the Position of Logotherapy

　　心理治療當前處境特色在於存在主義精神醫學
（existential psychiatry）的興起。你可以說，把存在主義接枝到
精神醫學實乃當前主要趨勢。但在談起存在主義時，我們
心裡必須有個譜，便是有多少位存在主義者，就有多少種
存在主義。更且，每位存在主義者不只塑造了自己的哲學
版本，每一位的遣詞用字方式也各自不同。譬如像「存在」
（existence）和「此在」（Dasein），在雅思培（Jaspers）和海德格
（Heidegger）的寫作中就大異其趣。

　　不過，存在主義精神醫學領域中的各個作者在某方面
有共同點——即有個公分母。那就是諸位作者很常用的一
句話，並且幾乎都用錯了：「在世存有」（being in the world）。
我們有個印象，就是這些作者當中的多數認為：只要他們

經常運用「在世存有」這句套話，就使他有足夠的基礎，不愧於自稱爲存在主義者。我對於這個基礎是否足夠，感到十分懷疑，尤其很容易顯現出來的是：在多數狀況中，海德格的「在世存有」概念都被誤導到只剩下主觀主義（subjectivism）──說得好像人所「在」的「世界」，只不過是作爲他自己在其中的自我表達，除此無他。我之所以甘冒大不韙來批評這個廣泛傳布的誤念（misconception），是因爲我曾有機會得以和海德格本人私下交談，對此作了討論，並發現他同意我的看法。

在存在主義領域中有誤解是很容易理解的。至少可說，使用的術語有時帶有太多異國情調。大約30年前，我有一次在維也納作公開演講，題目是精神醫學與存在主義。我給聽眾們出了一個問題，就是列出摘引的兩句話，其中之一取自海德格的作品，另一句則取自我和一位思覺失調症住院患者的交談（國立維也納醫院，當時我是住院醫師）。然後我請聽眾投票決定：哪一句是誰說的？信不信由你，絕大多數人認爲海德格那句話是患者說的，反之亦然。不過，我們不必由這個實驗的例子就遽下結論。這裡並沒有說海德格的壞話，或毀了海德格的偉大──我們當然都像許多專家一樣，相信他的偉大。這壞話反倒是該丟給日常語言，說它對於表達未知的思想和情感時，是多麼無能──我是說，對於偉大

哲學家所創的革命性觀念，或對於思覺失調症患者所體驗到的奇特情感而言皆然。能將此兩者結合爲一的，幾乎就是一種表達上的危機感，而我在別的地方說過，類似的處境也一樣可在現代藝術家身上發現（參見我的著作 *Psychotherapy and Existentialism, Selected Papers on Logotherapy*，其中一章是「心理治療、藝術與宗教」）。

至於我稱爲意義治療法的方法，其位置何在，這是本書的主旨，而大多數作者都同意它可歸類於存在主義精神醫學的範疇。事實上，早在三〇年代，我鑄造了一個新詞 *Existenzanalyse*（「存在分析」），作爲二〇年代就出現的「意義治療法」之別名。後來，當一些美國的作者們出版了談論意義治療法的書，他們引進「存在主義分析」（existential analysis）來作爲 *Existenzanalyse* 的譯名。很不幸的是，另外一些作者用了同樣的譯名來翻譯 *Daseinsanalyse*（「此在分析」）——這個字眼是在四〇年代由已故的賓斯汪格（Ludwig Binswanger，了不起的瑞士精神科醫師）用以陳述他自己的主張。從那時起，「存在分析」就變成一個相當曖昧的字眼。爲了不讓這情況變得更加混淆，我在英文的出版物上愈來愈遠離「存在分析」這個用詞。[1] 通常我在提及意義治療法時，就嚴格的說法而言，有時那脈絡根本不涉及任何治療法。譬如在談論我所謂「醫學的布道事業」時，就形

成意義治療法實踐的一種特殊面向，但就只有在那案例中才能顯示眞實治療之不可能，因爲那位患者已經面臨著不治之疾。然而，就其最可能的廣義而言，意義治療法在其時正是一種治療處遇（treatment）──對這位患者來說，他所需的處遇乃是對於自身命運的宿命論態度。

意義治療法不僅被歸類於存在主義精神醫學的名目下，還同時在這一行當中得到公認，爲唯一能夠成功發展出技法（technique）的學派。不過，這並不意謂我們這些意義治療師會過度高估技法的重要性。我們很早以來就已先弄清楚，在心理治療中，眞正該算數的，其實不是技法，而是醫者與病者之間作爲人的關係，或是人和人之間的存在會遇（existential encounter）。[2]

心理治療若採用純粹的技術取向，很可能會阻礙療效。不久之前，我接受一所美國大學的邀請，去作一場演講，對

1　無論是「Existenzanalyse」或「Daseinsanalyse」在英文中都無法避免被翻譯爲「existential analysis」，雖然作者在上文中已提及：雅思培和海德格分別使用不同的字眼來談論「存在」──在中文翻譯上，也一樣有不加區分的傾向，但「Dasein」（「此在」）是海德格特有的用詞，而賓斯汪格也追隨了海德格思想，他們都不能等同於一般化的「存在主義」。譯注

2　Encounter是人本主義心理學常用的術語。譯者在1977年的碩士論文中首度將此詞譯爲「會遇」，而不用常見的「遭逢」或「交遇」。譯注

象是一個精神科醫師的團隊，他們有個指派的任務，就是要照料一場風災後撤離家園的難民。我不只接受邀請，還自訂了一個題目，「倖免於難的技法與動力」（Techniques and Dynamics of Survival），這題目顯然很能取悅主辦單位。但在開講時，我坦白地說，倘若我們真的只用技法與動力來詮釋這項任務，我們就會迷失掉要點——並且對於那些需要我們提供急救的人來說，會失掉他們的心。只用技法來接觸人，必定意謂要操控人；而只以動力來接觸人，則意謂把人物化（reify），把人變成只是物品。[3] 而這些人也馬上會覺察到，我們在接近他們之時，帶有物化的傾向。我要說的是，物化傾向早已變成心理治療的原罪。這種「虛無」而非「無物」，正是我們該向存在主義學習之處。[4]

3　物化（to reify, reification）是盧卡奇（Georg Lukács）提出的概念，在馬克思主義傳統中成為階級異化的主要概念之一。作者在此將「動力」連結到「物化」，因為「動力論的精神醫學」主要是指精神分析，而在相當化約論的脈絡中，動力會被等同於驅力，乃至只是生物本能。這種化約論傾向在六〇年代相當風行於美國的心理治療界與精神醫學界。作者有鑑於此，才會把歐洲已經形成的警告搬到美國來重述。譯注

4　作者用「no-thingness」來區別「nothingness」，並說該向存在主義學習。在沙特的主要著作《存有與虛無》（Being and Nothingness）已經隨著存在主義風潮而席捲美國知識界之時，作者要強調的就是沙特的「虛無」，而不只是日常語言中所謂的「無物／沒有東西」。前者是對生命的徹底否定，後者則只是家常話語中對人帶有貶義的指摘。譯注

　　在另外一次巡迴演講的場合，我受邀演講的對象是聖昆丁監獄的服刑人。後來，我很肯定，那是他們頭一遭以某種方式感覺到被人理解。我所做的事情並沒有什麼不尋常之處。我只是把他們當人看待，而沒有將其誤認為某種有待修理的機制。我對他們的詮釋正如他們一直以來對自己的詮釋一樣，也就是說，他們有自由，也有責任。我並沒有為他們的罪疚感提供便宜的出路，譬如把他們視為生物、心理、社會制約過程中的受害者。我也沒有把他們當作伊底（id）、自我（ego）、超自我（superego）[5]這個戰場上待宰的小卒。我沒給他們提供不在場證明。罪疚感不能從他們身上拿走。我沒把它解除。我是拿它當作自身的伙伴。他們也認得罪疚感是人的一種特權處境——而克服罪疚感成為他們自己的責任。

　　在聖昆丁監獄對受刑人演講時，我實際上所作的，不就是最真實的現象學嗎？事實上，現象學就是企圖描述人怎樣理解自己，人在其中對自己的存在所作的詮釋，遠遠不像動力心理學或社會經濟學假設所認定的那些形式。在接受了現

5　這當然是指佛洛伊德的理論。唯一值得讀者注意的是，「id」在字面上是指「它」，也就是「不知伊於胡底」的意思，但此字常用的誤譯「本我」，絕對不可能傳達此義。今取其音義皆通的譯名為「伊底」。此譯名最早是由高覺敷在1930年翻譯《精神分析引論》（商務印書館出版）時所用。譯注

象學方法論之後的意義治療法，正如波拉克（Paul Polak）[6] 曾經說過的，乃是嘗試要用科學的理念來教人作出不偏不倚的自我理解。

讓我再來談談技法與會遇相對的問題。心理治療不只是技法，因為它更像是藝術，並且它還超越了純粹的科學，因為它是以智慧為本。但甚至智慧都還不是它的最高境界。我曾在集中營裡看過一位女性的身體，她是自殺而亡的。在她的後事中發現她遺留的手寫紙片，上面寫道：「比命運更有力者，乃是承受命運的勇氣。」雖然寫了這樣的格言，她還是自己了斷了。在不能和人接觸時，智慧也有其匱乏的一面。

最近某一天的凌晨三點，我接到一通電話，是一位女士打來的。她告訴我說她決定要自殺了，但她比較想知道我會怎麼說。我以所有反對自殺的論點加上存活下去的勉勵來回答她，就這樣，我們談了半個小時——直到她終於答應不自殺，並且會來醫院看我。但當她來到醫院見了我，我才發現我告訴她的那些論點和勉勵根本沒打動她。她會決定放棄自殺的唯一理由，事實上就是我雖在半夜被打擾到不能睡覺，

6　Paul Polak, "Frankl's Existential Analysis," *American Journal of Psychotherapy* 3: 517–522, 1949. 原注

我不但沒生氣，反而願意耐心傾聽，並且跟她談了半個鐘頭，然後，她才發現——真的，這世界必定是個值得活下去的世界。

我們既然在談心理治療，在這方面居功厥偉的賓斯汪格給了我們這樣的觀念：人就是不斷在重新設定（reinstall）以及重新補述（reinstate）自己的人性。自茲而後，我—你（I-Thou）關係[7]愈來愈可視為此中的核心。然而在此之上，還要再補上另一個向度。在我與你之間的會遇還不是整套的真理，或完整的故事。人的存在中具有本質上的自我超越性，就會使人的存有延伸到超過自己。因此，倘若馬丁·布伯，加上艾卜納（Ferdinand Ebner），都把人的存在詮釋為基本上只是我與你的對話，我們就看出這樣的對話會敗在自己手下，除非我與你能超越自身，而指涉了外於自身的意義。

到目前為止，心理治療（不只是心理學的工程與技術）乃是植基於會遇，會遇就不只是兩個單子的相遇，而是人對上了另一個人，用的是邏各斯（logos），[8]也就是存有的意義。

此在分析把會遇強調成我對上你，這就使得會遇的雙

7　「我—你（I-Thou）關係」的概念來自馬丁·布伯（Martin Buber），尤其來自他的名著《我與你》（I and Thou）。譯注

8　「邏各斯」在本文中都被作者解為「意義」，但在翻譯時，有必要注意其中有一層，是指「話語」，亦即所有的意義都是由話語說出。譯注

方能夠真正互相聆聽，換句話說，由此乃得以避免存在本體的盲聾狀態。但我們仍要把這種盲聾狀態解放出來，我們仍要讓存有的意義發出亮光。這才是意義治療法必須踩出的步子。意義治療法之所以能超越此在分析，或用舍爾（Jordan M. Scher）的譯名來說，超越了存有分析（ontoanalysis），就在於意義治療法不只關切著存有（ontos, being），而更加關切的是邏各斯，或意義。這就很可以說明意義治療法的事實，亦即它多過於只作分析。它本身正如其名，是治療法。有一次我和賓斯汪格私下談話，他告訴我：他覺得，跟存有分析相比，意義治療法更為積極，甚至可用來補充存有分析的治療。

透過再三推敲後作出的簡稱，把「意義治療法」這個來自希臘文的字眼，翻成「意義」的治療（Joseph B. Fabry的翻譯）[9]，是頗為恰當的。[10] 當然，我們必須念茲在茲的是：意義治療法並非什麼萬靈丹，在某些案例上，這個意思的所指很正確，但在另一些案例上也可能正好相反。在本書的第二

9　Joseph B. Fabry, *The Pursuit of Meaning: Logotherapy Applied to Life,* Preface by Viktor E. Frankl, Beacon Press, Boston, 1968. 原注

10　我們從一開始，在中文翻譯中就一概使用「意義治療法」這個譯名，但在原文中，自始至終都維持著希臘文的字根，即 logotherapy，因此作者才說英文的「意義治療法」是個正確的簡稱。譯注

部分，讀者將看到意義治療法如何處理應用的問題，而一開始就是應用在精神官能症的案例上。在此，意義治療法與存有分析的區別又昭然可見。你可以把賓斯汪格對精神醫學的貢獻概括爲增進了我們對精神病（psychosis）的理解，但更特定的是理解精神病患者很特殊也很奇特的在世存有。意義治療法在此與存有分析互相拮抗之處，不在於它特別增進精神病的理解，而在於提供對於精神官能症相對簡短的治療。這對意義治療法而言是很肯定的另一種簡說。

在這樣的語境中，有幾位作者很值得一提，因爲他們知道賓斯汪格的貢獻在於把海德格的概念應用到精神醫學中來，而意義治療法則是把謝勒（Max Scheler）的概念運用於心理治療。

那麼，在談過謝勒和海德格的哲學對意義治療法的影響之後，佛洛伊德和阿德勒又如何？意義治療法比較不受惠於他們嗎？不是這樣的。事實上，在我的第一本書的開頭一段，讀者就會發現，我典用了這個講法：站在巨人肩上的小矮人可以看得比巨人還遠。無論如何，精神分析自始卽是、也將永遠是所有心理治療的基石，包括未來才會出現的學派，無不皆然。只不過，那就是所有基石共有的命運：人家都只看見矗立在地面上的建築物，而看不見地下的基石。

以佛洛伊德的天才而言，他不可能沒注意到他自限於基

礎的研究，一心探求最深的層次，亦即人的存在之最底下的
向度。在他給賓斯汪格的一封信中，他就自承道：「我總是
把自己局限在整棟大樓的底層和地下室」，而他把這棟大樓
就叫做人。[11]

佛洛伊德在一篇書評中曾經表示這樣的信念：在一位大
師跟前顯示出自己的尊崇固然是好事，但更應該尊崇的是事
實，且能在其中不斷超越、精益求精。我們這就來試試對精
神分析作個重新詮釋與重新評估，而我們所根據的就是那些
事實，且是在佛洛伊德過世之後才在世人面前顯露的。

對於精神分析的這些重新詮釋，必定會偏離佛洛伊德
本人的詮釋。就像哥倫布相信他所發現的是通往印度之路，
其實他發現的是個新大陸。同樣的，佛洛伊德相信他所發現
的，和他實際上達成的發現，其間頗有差異。佛洛伊德相信
人可以用機械論來解釋，而人的心靈（psyche）之病可透過技
術來治癒。但他實際上所成就的東西卻與此不同。這東西還
有頗多值得解釋的餘地，若果我們能用**存在的事實**來予以重
估的話。

根據佛洛伊德作過的表示，精神分析所仰賴的兩大支

11　Ludwig Binswanger, *Reminiscences of a Friendship*, Grune & Stratton, New
　　York, 1957, p. 96. 原注

柱，就是能認出以下兩個概念：壓抑（repression）作爲精神官能症的病因，以及傳移（transference）[12]分析作爲它的治癒之道。任何人只要相信了這兩個重要理念，就足以自認且自稱爲精神分析師。

壓抑會被逐漸增長的自我覺察所反制。受壓抑的材料應當要浮上意識。或者，正如佛洛伊德的說法，但凡伊底所到之境，自我亦當變作如是。[13]由此而擺脫了19世紀的機械論意識形態，透露出20世紀存在哲學的曙光，我們才可說精神分析是在促進人的自我覺知。

同樣地，傳移的概念也可再加以精煉與清理。阿德勒學派的心理學家杜萊庫斯（Rudolf Dreikurs）就曾指出，佛洛伊德的傳移概念中含有操弄的性質。[14]解除掉那種操弄性

12　注意本書中把transference譯作「傳移」，而不是常見的「移情」，因爲後者會和美學中所討論的「移情」（empathy）混淆不清。漢語美學把empathy譯爲「移情」始於上世紀三〇年代的朱光潛，且沿用至今。我們後輩不應在不知情的情況下僭奪這個譯名。譯注

13　佛洛伊德這句名言「Wo Es war, soll Ich werden」出自《精神分析新論》（1933a. SE XXII. p. 80）英文通常譯作「"Where id was, there ego shall be."」是指伊底曾經到過的地方（英文過去式），自我應當隨之而至（英文未來式）。作者在此強調「亦當變作」，是他的一種詮釋，但並不違背德文的原意。在中文既然無法表達「過去式／未來式」之間的微妙關係，因此譯者也採取了中文語法最大的可能，譯成「但凡伊底所到之境，自我亦當如是。」譯注

之後，傳移也許可理解爲一種人和人會遇的載具，其基礎就在於我─你關係。事實上，倘若要達成自我覺知，所需的媒介應是會遇。換句話說，佛洛伊德那句關於伊底與自我的名言，可以擴充爲：伊底之所在，自我當往也；但自我之所以能變成自我，只有透過「你」而然。

至於那些會被壓抑捕獵的材料，佛洛伊德相信那就是色事（sex）[15]。事實上，在他那個時代，對於色事之壓抑早已遍及於整個社會。是清教徒信仰導致如此的後果，而這信仰在盎格魯─薩克遜的國度非常強勢。不太令人驚異的發現：在這些國度中可證實他們對精神分析最爲接納──並且會抗拒超過佛洛伊德的其他心理治療學派。

把精神分析認定爲心理學或精神醫學的等同物，其謬誤之大，正如把辯證唯物論等同於社會學一樣。無論是佛洛伊德主義或馬克思主義都只是科學之中的一套取向，而非該科學本身。該確定的是：教義灌輸（不論是西方的或東方的）

14　Rudolf Dreikurs, "The Current Dilemma in Psychotherapy," *Journal of Existential Psychiatry 1*: 187–206, 1960. 原注

15　Sex 在中文被譯爲「性」實乃中文之不幸。「食色性也」，是則「性」至少包含兩事，卽「食事」與「色事」。爲了釐清字義，我們用「色事」來翻譯 sex，把「性事」留給 sexuality（還可避免把 sexuality 譯爲「性性」的尷尬）。譯注

都可能模糊掉教義和科學的區別。

　　只不過，就某方面而言，精神分析具有不可取代的地位。而這地位仍該歸之於佛洛伊德，只要我們所談的話題是心理治療的歷史。這就讓我想起發生在一所全世界最古老的猶太教會堂的故事。我說的是布拉格的阿爾特・諾以會堂（Alt Neu Synagogue）。當那裡的嚮導帶你走進堂內，他會告訴你說：有個座位是著名的羅維拉比（Rabbi Loew）曾經坐過的，而他的後繼者沒有一個敢坐，只好另外安排座位，因為羅維拉比是無可取代的人物，無人堪與比擬。幾個世紀下來，就是不准別人坐上那個座位。因此，佛洛伊德的空位也該這樣留著吧。

PART

1

意義治療法的基礎
Foundations of Logotherapy

心理治療的臨床後設含意

Metaclinical Implications of Psychotherapy

　　心理治療有些臨床後設的含意（metaclinical implications），[1] 其主要的指涉就是關於人的概念，以及生命哲學。心理治療法當中沒有一種理論不含有人[2]以及生命哲學。不論自覺或不自覺，心理治療都奠基於斯。就此而言，精神分析也不例外。席爾德（Paul Schilder）把精神分析稱爲一種**世界觀**（*Weltanschauung*），而就在不久之前，普魯恩（F. Gordon Pleune）

1　meta+clinical ＝後設＋臨床，依中文造詞法譯爲「臨床後設」。「後設」也可譯爲「形上」，故「臨床後設」在本文中可理解爲「臨床形上學」的意思。正如作者所稱，心理治療（卽臨床心理學）無不具有哲學基礎，但在這裡主要並不是在談哲學，因此我們不必使用純粹的哲學用語來翻譯此詞。譯注

2　原文中稱「人」時，用的是 man，但那是六〇年代以前的英文慣用方式，其所指絕非「男人」，而是「人」的總稱。譯注

才說：「精神分析師首先最重要的，是個道德家（moralist）。[3]」並且「會以其道德及倫理行爲來影響別人。」[4]

於是，問題絕不可能在於心理治療是否奠基於世界觀，而更應該說，在其中的世界觀究竟是對是錯。對錯是非，在此脈絡下，無論如何乃意指在此給定的哲學理論中，人類的人性是否得以保留。譬如，人類的人性品質，在那些依附著「機械模型」或「白老鼠模型」（正如奧波特[5]所稱）的心理學家當中，是根本不管或全然忽視的。對於前者，我將其視爲值得注意的事實，就是，人既然把他自己視爲一種受造物，就會把自己的存在用神的意象（即造物者）來詮釋；然而一旦他開始把自己當造物者，他就會僅以他自己受造的意象來詮釋他的存在，也就只能是個機器了。

意義治療法對於人的概念乃奠基於三大支柱：意志的

3　moralist在字面上可理解爲「道德主義者」，但更具體地說，不只是信奉道德主義，而更是個道德實踐者，正如一個「音樂家」一樣，故稱爲「道德家」更能達意。譯注

4　F. Gordon Pleune, "All Dis-Ease Is Not Disease: A Consideration of Psycho-Analysis, Psychotherapy, and Psycho-Social Engineering," *International Journal of Psycho-Analysis* 46: 358, 1965. Quoted from *Digest of Neurology and Psychiatry* 34: 148, 1966. 原注

5　Gordon W. Allport, *Personality and Social Encounter*, Beacon Press, Boston, 1960. 原注

自由、（向於）意義的意志，[6] 以及生命的意義。其中的第一項，即意志的自由，乃是對立於當前大多數關於人的論述 [7] 所採用的取向，講明白點，也就是決定論。不過，說真的，那只是和我經常說的「泛決定論」對立而已，因為談到意志的自由時，絕對不意謂任何先決的「不可決定論」（indeterminism）。畢竟，意志的自由就是指人類意志的自由，而人類的意志就是屬於有限存在的意志。人的自由並非無條件的自由，而毋寧是當面臨任何條件時，都可以採取立場的自由。

在一次訪談過程中，哈佛的休士頓·史密斯（後來去了MIT）問我：身為一位神經學與精神醫學的教授，難道不承認人會受制於某些條件和決定性的因素嗎？我回答說，身為神經學與精神醫學的教授，我當然非常瞭解人在某種程度下不會完全不受條件所圍，無論那是生物學的、心理學的或社會學的條件。但我補充說，除了是兩個領域（即神經學與

6　這個「（向於）意義的意志」，在書名中不寫出「向於」兩字，因此放進括弧中。因為中文的表達方式可以只說是「意義的意志」，亦即「意志」一定是「朝向某目標」的意志，故可省略「向於」兩字。譯注

7　「論述」一詞是discourse的翻譯，在作者當時，此字尚未成為慣用語，但在談到「某某取向」時，定是指「某某論述取向」。以下將以此為例，在譯文中適當添加「論述」一語，以有助於當前的中文譯法。譯注

精神醫學）的教授之外，我還是四個營（就是集中營）的倖存者。正因如此，我也親身見證了人在多少意料不到的程度上，總是留有可以抵抗或甚至敢於抵抗最糟條件的能力。可將自己從最糟的條件中抽離，乃是人所特有的本事。不過，人這種能自任何身處的必然之境抽離出來的特殊本事，就像我們在集中營裡所見，並不是只能以英雄作風來體現，而還能透過幽默。幽默也是人所特有的一種能力。我們不必為此感到羞恥。幽默甚至可說是一種神聖的屬性。《詩篇》有三首中提到神是在「笑著」的。

　　幽默和英雄作風讓我們談及了人所特有的「自我抽離」（self-detachment）能力。透過這種能力，人才能夠抽離於處境之外，乃至抽離於自身之外。他能選擇對於自己的態度。以此，他真的能夠對他自己的生理和心理條件及決定因素採取立場。可以理解，這就是心理治療與精神醫學，也是教育與宗教的要點所在。因為，用這種眼光來看的話，一個人可以自由地為自己的性格賦形，而人就對於他所造的自己負有責任。該在乎的不是性格的特質，或驅力、本能如何的問題，而毋寧是我們對此所採的立場何在。能夠採取這種立場才使我們稱得上是人。

　　對於身體的、心靈的現象採取立場，表示能超越這些現象的層次，並開啟了新的向度，亦即智性的現象或靈智學的

向度 [8]——用以與生物學的和心理學的向度形成對比。人的獨特現象正是座落在此向度上。

也可將此定義爲精神向度。然而，正因「精神的」一詞在英語中總是跟宗教脫不了干係，我們就必須儘可能避免使用此詞。我們所知的靈智向度應是屬於人類學而非神學的向度。同樣的情形也發生在「意義治療法」中的「意義」（邏各斯）一詞上。除了「意義」的意思外，「邏各斯」在此也指「精神」——但是，再說一次，其中不帶有任何基本上屬於宗教的內涵。在此的「邏各斯」所指的就是人類的人性——再加上作爲人的意義！

人，每當他在返身自省時，就會穿越靈智學的向度——或說，如果需要的話，在他返身自斥的時候，也會如此；每當他把自己變成一個物體（object）——或是在反對（objection）自己時；每當他表現出意識到自己時——或每當他展示出這樣的內省時。事實上，人的內省性預設了人獨有的能力，可以超越自己，用道德與倫理的條件來判斷和評估自己的行爲。

8　「智性的現象」（noetic phenomena）與「靈智學的向度」（noological dimension），都是作者用希臘文字根「no-」而形成的語詞，來與上文提到的「智因的」（noogenic）構成的一套語義關聯網。這些「智」都不只是「理智」，而是「智慧」。譯注

當然，人可以剝奪這種屬人獨有的現象，譬如人性中的良心。他可以只用制約反應的結果來設想良心。但實際上，這樣的詮釋只在某種狀況下才會顯得充分與合適，譬如一隻狗，當牠把地毯尿濕，然後鬼鬼祟祟地鑽進沙發底下，還把尾巴夾在腿間。這隻狗實際上表現了良心嗎？我倒寧可想，牠所表現的是對於懲罰的可怕期待——這也許正是由於制約過程使然。

把良心化約爲僅僅是制約過程的結果，乃是化約主義（reductionism）[9] 的一則顯例。我要把化約主義界定爲一種僞科學的取向，其作風就是全然不顧現象中的人性，透過把這當作僅僅是副作用，更明確地說，就是化約成次於人的副現象。事實上，你就可以把化約主義界定爲**次人主義**（subhumanism）。[10]

要舉例的話，我拿出兩個也許最爲人性的現象來說，那就是愛與良心。此兩者顯現出另一個最爲驚人的人性本事，亦即**自我超越**（self-transcendence）的本事。人之所以超越自

9　「化約主義」（reductionism）也可譯爲「還原主義」，即各種科學都使用「還原法」來進行因的逆推（由果推因），故稱「還原」。實際上仍是因果推論，所推到的結論，可不可以稱爲「原」，是大有問題的。此處譯爲「化約主義」就是看清了這種推論意在化繁爲簡，結果實際上簡化了（或約除掉）因果關係中不能被方法掌握的部分。譯註

身，乃是用來朝向另一個人，或朝向意義。我會說，愛就是
那種本事，讓他能夠真正抓住另一個人的獨特性。良心則是
另一種本事，讓他產生力量來捕捉某種情勢中真正獨特的意
義，而最終的分析就會發現，意義都有獨特性。每一個人和
所有的人皆然。每一個人最終都是無可取代的，如果對於其
他人不是如此，對於愛著他的人也必然如此。

正因為愛與良心的有意指涉具有獨特性，兩者都屬直覺
的能力。不過，在兩者有意的指涉皆具有獨特性的這個公分
母之外，它們之間仍有差異。愛所面對的獨特性是指向所愛
者所具有的獨特可能性。反過來說，良心所面對的獨特性是
指獨特的必然性，指向人必須碰到的獨特需求。

然而，化約主義傾向於把愛詮釋為只不過是色事的昇
華，良心則只不過是根據超自我而來。我的主張是：愛實際
上不可能只是色事的昇華，因為每當昇華發生時，愛始終是
其預設條件。我敢說，只有當一個我能夠將愛導向一個你之
程度時——只有在此刻，才能說自我也有能力整合伊底，亦
即將色事整合於人格之中。

而良心不能只是超自我——其最簡單的理由就是：良心

---

10 次人者，次於人的低等人，中文很可以稱之為「小人」，但在遵守翻譯
原則之下，這個意思只放在注腳裡，以供參考。譯注

在必要時可擔起責任來反對那些經由超自我而傳遞的習俗、標準、傳統與價值。因此，良心在某些特定的情況下，會產生與超自我互相矛盾的功能，所以它當然不可能等同於超自我。[11] 把良心化約爲超自我，以及由伊底演繹出愛，這兩者都注定是失敗的概念。

我們來問一下，到底是什麼原因導致了化約主義？要回答這個問題，我們必須先推敲科學專業分工的效應。我們生活的時代充滿了專家，也因此付出了代價。我想把「專家」定義爲見樹不見林的人：只看見一棵棵事實的樹，看不見眞理的林。舉個例來說，在思覺失調症的領域中，我們會看見生物化學所提供的排山倒海資訊。我們也會面臨多如牛毛的動力心理學假設文獻。然後還有一些文獻所關懷的是思覺失調的獨特存有模式。總之，我的看法是：任何人說他對思覺失調症擁有眞知，那麼他一定是在欺騙你，或至少是在騙自己。

個別的科學在描述眞實之時，呈現出如此乖離的圖像，如此相互差異，以致愈來愈難以達成不同圖像的融合。但不

11　這樣的「超自我」在佛洛伊德的理論中確實已被「自我理想」所超越，因此，弗蘭可在此對「超自我」的批判應是針對片面的佛洛伊德理論，或是當年在北美以斷章取義而傳播的精神分析。譯注

同的圖像不必然會造成缺失，反而可能在知識上有所得。用雙筒望遠鏡的觀點來看，左圖和右圖之間的差異恰恰能獲得整體的向度，也就是說，得到三維的空間，而不只是二維的平面。誠然，要能如此，有其必要的先決條件：視網膜必須能夠達成不同圖像的融合！

在視覺上能夠成立的，在認知上亦然。真正的挑戰來自面對各門各類科學提供的諸多零星分散資料、事實及發現時，如何獲取、如何維持，以及如何儲存而能成為一個統合的人的概念。

但我們不能夠倒轉歷史的巨輪。社會沒有專家是行不通的。有太多研究是由團隊合作來完成的，而在團隊的架構中，專家無可避免。

但其中的危險真是來自普世性的缺乏嗎？潛藏於其中、假裝的整體性，難道不是更危險嗎？所謂的危險乃是一個身為專家的人，譬如生物學領域的專家，在瞭解與解釋人時，就單單以生物學為之。同樣的情況在心理學和社會學中亦然。就在他們宣稱達到整體性時，生物學變成生物學主義（biologism），心理學變成心理學主義（psychologism），社會學變成社會學主義（sociologism）。換言之，也就是當科學變成意識形態之時。我想說，我們所當責難的，並非科學家的專家化，而是專家的一般化。我們應該都熟知哪一類人叫做可

怕的簡化者（terrible simplificateurs）。而現在變成我們要熟知的類型，我叫它稱爲可怕的普化者（terrible généralisateurs）。我的意思是指那些無法抗拒誘惑，而必須在有限發現的基礎上一直作出過度概括宣稱的人。

我曾經碰到一句引述的話，把人界定爲：「只不過是一組複雜的生物化學機制，由一個氧化系統提供動力，激發其中的各個計算機模組，以助其中貯存的大量編碼資料得以維持下來。」現在，身爲一個神經學家，我贊成使用計算機模型的合理性，譬如，用來說明中樞神經系統的運作。使用這種類比法有其完全的正當性。因此，上述的說法在某種意義上是有效的：人是一部電腦。不過，在此同時，他仍然無限多過於電腦。那段引述錯就錯在說人「只不過」是一部電腦。

今天的虛無主義（nihilism）在談「虛無」（nothingness）時已經不再拿掉面具。今天的虛無主義是戴著面具在談人的「只不過論」。化約主義已經變成虛無主義的面具。

我們該如何來面對這檔事情？在化約主義的眼前，如何才有可能保住人的人性？分析到最終，面對著科學的多元性時，如何才有可能保住人的統一性——而這科學的多元性正是培育化約主義的溫床？

哈特曼（Nicolai Hartmann）與謝勒兩位也許比所有人都更

致力於解決我們所面對的難題。哈特曼的存有論（ontology）
與謝勒的哲學人類學（anthropology）都企圖讓各自的科學領
域能分配到少許的效度。哈特曼區分出若干個層次，譬如身
體的、心理的，再加上精神的頂峰。在此，我們再說一次，
所謂「精神的」並不帶有宗教的含意，毋寧說是屬於靈智向
度。哈特曼把人類存在的層次看成一個階序結構。相對於
此，謝勒的哲學人類學使用了梯階的圖像而不用層次的概
念，以此把人的核心設在精神軸，而把生物與心理階層放在
邊緣。

　　哈特曼與謝勒兩位當然都有功於在存有論上作出這樣的
區分：身體、心理和精神，其考量著重於質性而不只是量化
的差異。不過，他們還是沒對相互間的存有論差異作出足夠
的說明，也就是說，他們忽略了在另一方面還有我所謂的人
類存在的整體性。或者，用阿奎納斯（Thomas Aquinas）的說
法，人乃是一種「**多元統合體**」（*unitas multiplex*）。他把藝術
界定為紛紜之中的統一體。因此我就把人的存在界定為縱然
紛雜仍能維持的統一體！

　　把人設想為有身體、心理與精神的層次，就意謂能夠把
人處理為身、心、靈各自分離的模組。

　　我自己的嘗試是同時以向度人類學及存有論（dimensional
anthropology and ontology）來處理存有論差異以及人類學統合

的問題。這樣的取向是使用幾何學的向度概念作為質性差異
的類比，而不致抹殺結構上的統一性。

我所強調的向度存有論乃是奠基於兩條法則。向度存
有論的第一法則是說：一旦同一的現象，由其本身投射出
低於本身的諸多向度，如此一來，個體乃呈現出相互矛盾的
景象。

試想想一個圓柱形的東西，譬如，一個杯子。把它的三
維形體投影到只有水平垂直的二維平面，它會產生出兩個圖
像，一是圓形，一是長方形。這兩個圖形是相互矛盾的。更
重要的是，杯子是開放的容器，而相對的圓形和長方形則都
是封閉的圖形。又一個矛盾！

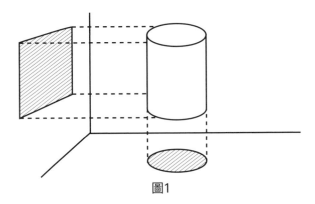

圖1

現在，讓我們進入向度存有論的第二法則，就是說：多個不同的現象自它本身的向度中投射出較其本身低一階的向度，會顯現出曖昧的圖形。[12]

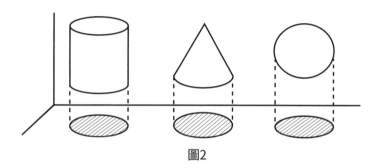

圖2

試想像一個圓柱、一個圓錐、一顆圓球。它們在平面上的投影就是三個一模一樣的圓形。我們從投影無法推論出它們的原形。無法得知投影的來源是圓柱，是圓錐，還是圓球。

根據向度存有論的第一法則，一個現象向低階向度的投影會出現不一致的圖形，而根據第二法則，不同現象的低階向度投影則會出現同形的結果。

現在，我們要怎樣將此圖像結果運用到人類學和存有學

12　此處的「曖昧」是指投射出來的圖形看起來一樣。譯注

上呢？只要把人用生物學和心理學向度來投影，我們也會得出相互矛盾的結果。因爲，在一方面得出的結果就是生物學有機體，另一方面則得出了心理學機制。不過，人類的存在無論在身體面向和心理面向上是多麼矛盾互斥，但在向度人類學看來，這些向度間的矛盾對於一個整體的人來說，就毫無矛盾可言。要不然的話，難道圓形和長方形都來自同一個圓柱形的投影，這樣也算矛盾嗎？

向度存有論仍然遠遠無法解決心物二元論的問題。但它確實準準解釋了何以心物二元論的問題難以解決。在論到一個人的整體有其必然性時——不論是否有身心之別仍都具有的整體性——這必然性卻不在生物學或心理學中，而是得在靈智學向度中尋得——正是在此，人才得以首度現出其完整的投影。[13]

不過，跟身心二元對立問題沿著走的，還有決定論的問題，亦卽自由抉擇的問題。但這問題也一樣可以沿著向度人類學的取向來解決。一個杯子的開放性在水平和垂直的二維投影中必然消失。所以嘛，人也一樣，如果在低於其本身一階的投影中出現，看起來也會成爲一個封閉系統，不論這是生理學的反射系統，或是心理學的反應，還是刺激反應系統。有些動機理論，譬如至今仍依附著體內平衡的那類概念，就是把人視爲封閉系統來處理。然而這種看法，就是忽

視不顧人類存在必不可少的開放性，而這是謝勒、波特曼（Adolf Portmann）、蓋倫（Arnold Gehlen）等人都提出過確鑿證據的。尤其是生物學家波特曼，以及社會學家蓋倫，都曾揭示過人如何對世界開放。而我則要說，由於人的存在具有超越性，要成為一個人就總是意指或導向自己之外的某人，或某事物。

　　所有這些，在生物學向度和心理學向度中都消失得無影無蹤。但在向度人類學的檢視下，至少我們可瞭解這為何一定會發生。現在也看出在生物學和心理學向度中明顯的封閉性已經不再和人的人性互相矛盾了。在低階向度中的封閉性和高階向度中的開放性是完全可以相容的，不論這是在說圓柱形的杯子，還是在說人。

13　在回答康德以及《詩篇》作者所提的問題，也就是「人是什麼？」之前，我們必須先讓問題轉為：「人在哪裡？」在哪個向度上才可發現人的人性？一旦我們從化約論著手去問人性的問題，他們的說法就是：「就前提而言，人只不過是隻動物罷了。」因此我們就無法發現動物性以外的任何東西。這裡拿來和一則笑話中的拉比作個比較：兩個人去向拉比求教，其中一人指控道：這位鄰居的貓偷吃了他五磅的牛油。貓主否認說：他的貓從來就不喜歡吃牛油。拉比抱起貓來量一量牠的重量，看，牠的體重剛好就是五磅。「好，我發現了牛油，」拉比還接著調侃了一下：「但是貓在哪呢？」就這樣，一旦我們受限於生物學投影來談人，那麼，人在哪呢？原注

　　現在也顯得很可以理解的是，爲何在低階向度中完整的研究發現（不論它是如何忽視人性），卻不必與人性發生矛盾。這說法在以下幾種截然不同的研究取向中也可以說得通：華生式的行爲主義，巴夫洛夫式的制約反射學，佛洛伊德式的精神分析，阿德勒式的心理學。意義治療法都不會將其予以否定，而是會把它們統統收納在一個高階向度的傘蓋下——或者，如挪威心理治療師柯維浩格（Bjarne Kvilhaug）[14] 那樣，他特別指到學習理論以及行爲治療法，把這些學派的發現用意義治療法的觀點予以重新詮釋與評估——這也就把它們重新人性化了。

　　說到這裡，有必要提出一個警告。我們所說的高階向度用來與低階向度對立，這並不意謂價值判斷。所謂「高階」向度只是說它具有較廣、較周延的包含性。[15] 這在哲學人類學裡是個很要緊的課題。其中意謂著承認人類在成爲人之前，並未停止其中仍保留的獸性，好比飛機在起飛之前還得能夠在地面上運行。

　　如我在導論中已經指出的，佛洛伊德實在太偉大，不會沒意識到他一直把自己限制在「一棟大廈的底層」，換句話

14　柯維浩格（Bjarne Kvilhaug），1963 年 7 月 18 日在奧地利心理治療的醫學社宣讀的論文。原注

說，他自我設限於低階的心理學向度中。他變成化約論的受
害者，直到他寫信給賓斯汪格，宣稱他自己「已給宗教找到
一個位置，就是把它放進人類的精神官能症範疇中」。卽令
是一個天才也很難抵擋得住「時代精神」，亦卽他當時的精
神狀態。[16]

　　現在，我們就來看看向度存有論的第二法則如何運用到
人的身上。好吧，我們只要把那三個曖昧的圓形換成精神官
能症就行，因爲精神官能症也是個曖昧的概念。精神官能症
可能是由心理原因造成的，這是通俗意義下的精神官能症。
在此之外，我個人的研究也讓我學到：也有由體質原因造成
的精神官能症。譬如有些廣場恐懼症案例是由甲狀腺亢進症

15　我記得很清楚，有一次在哈佛宗教學院的教師午餐之後，我作了一場演
　　講，而著名的神學家保羅・田立克（Paul Tillich）在隨後的問答時間對我
　　的向度存有論提出非常堅決的質問。他後來對我的回答覺得很滿意，正
　　是因爲我把高階向度定義爲具有較廣的包含性。原注
16　有必要在此澄清佛洛伊德對於「精神」與「宗教」的看法。他在一生的
　　著作中一直有發展和變化，譬如晚期作品《摩西與一神教》，很難說他
　　只會把宗教歸爲精神官能症範疇。作者在寫作本書時應該還沒看到晚
　　期佛洛伊德的作品，或至少也還沒看到更晚近對此有比較周延評論的著
　　作，譬如 Bruno Bettelheim 曾經以一本書《佛洛伊德和人的靈魂》（Freud
　　and Man's Soul,1982）來爲佛洛伊德辯護。佛洛伊德的作品全集恰恰可說
　　明他不只是「時代精神」的受害者，而正是出類拔萃的超越時代者。譯
　　注

引起的。然後，但不是最後一種，就是還有我所謂的智因性精神官能症。這是起因於靈性上的難題，或道德上的衝突，或在真正的良心與僅僅是超自我之間的衝突，我在本章開頭之處就談過。不過，最重要的是智因性的精神官能症，其來源是意義意志的挫敗，我把這稱為存在的挫折，或來自存在的空虛，我將在本書中另闢一章來專談此事。

於是，從病因學來說，精神官能症是多向度的，其症狀學也因此變得很曖昧。正如我們不能對一個圓形投影推論其來源是個圓柱、圓錐或圓球，我們也無法說精神官能症背後到底是甲狀腺亢進、是閹割恐懼，或是存在空虛。至少當我們只自限在心理學向度中就無法做到。

病理學之所以曖昧，是因為，就特定的案例來說，我們仍須追索其悲傷的理由、受苦的意義。受苦的意義可能並不坐落在跟症狀學同一的向度上，而是藏在另一個向度。精神官能症病因學的多向度性所需要的診斷，乃是我稱為「向度診斷」（dimensional diagnosis）的東西。

在診斷上的所需，就治療而言亦然。心理治療也一樣必須是多向度的取向。這裡對於「有射擊必有後座力」的概念並不預設著任何先驗的反對。譬如在精神醫學上所稱的先天性憂鬱症，使用藥物治療是完全合理的，而在重度的病例上，甚至也可使用電療法。事實上，歐陸第一個發展出鎮靜

劑的人就是我，而那是在英美開發出 Miltown 抗焦慮劑[17]之前。在特殊病例上，我曾開出腦前葉白質切除手術的處方，其中有一些個案的腦部外科手術是由我親自操刀的。不用說也知道，所有這些手術都不排除同時使用心理治療（以及意義治療法）的必要，因爲就算是在這樣的病例上，我們也不只在治病，而是在處理一個人。

因此我不能同意在國際會議上某些演講者的看法，他們認爲精神醫學如果從事藥物治療，恐有將患者機械化之虞，而患者也會感覺到去人格化（depersonalized）。在維也納的一般醫學總醫院[18]神經科，我的同事使用藥物，並且，如果有必要的話，也用電療，但不會對患者使用暴力，也不傷及其人性尊嚴。反過來說，我認識許多深度治療師，他們厭惡藥物處方，更不要說電療，但他們對人的概念使他們機械地對待患者，這就確實會有損於患者的人性尊嚴。這就是爲什麼我覺得很重要的是在對待患者時，自己先要對人的概念有意識，並且要把心理治療的臨床後設合意弄清楚。

重要的絕非治療技法本身，而是在於使用技法的精神。

17　Miltown 是一種早期的抗焦慮劑，其學名爲 meprobamate。譯注
18　Poliklinik Hospital 是歐洲醫療體系中的一種機構（台灣沒有這種特別區分出來的醫療機構，但在教學醫院以外的大型醫院，與此相似）。在此只根據其功能，暫譯作「一般醫學總醫院」。譯注

這項原則無論在使用藥物或電療時都要堅守，在使用佛洛伊德式精神分析，或阿德勒式心理學，以及使用意義治療法時，依然如此。

現在回過頭來談向度存有論的第二法則，並且作個改變，換用歷史形象來取代幾何學。講得更具體些，我們就假定首先提及的圓形投影代表有聽幻覺的思覺失調症患者，而第二個圓形投影代表聖女貞德。從精神醫學角度而言，毫無疑問的是，聖女必定會被診斷爲思覺失調症的病例；假若我們自限於精神醫學的參照架構內，我們就會說聖女貞德「只不過」是個思覺失調症患者。她在思覺失調症以外的部分，從精神醫學向度來看，就是無從感知的。我們只要跟上她的靈智向度，並且觀察她在神學和歷史上的重要性，就會讓聖女貞德的形象遠超過思覺失調症。就精神醫學向度而言，她事實上是個思覺失調病患，但這完全不能扭曲她在其他向度上的顯要意義。反過來說亦然。卽令我們認爲她理所當然是個聖徒，這也不能改變她是個思覺失調患者的事實。

一個精神科醫師應當讓自己限制在精神醫學中，而不是要把精神醫學現象斷定爲「只不過」，或「不只是」精神醫學現象。但讓自己限制在精神醫學向度，就意謂把給定的現象投影於精神醫學向度。這是完全正當的作法，只要這位精神科醫師知道自己在做什麼。更有甚者，投影或投射，就科

學而言，就是義務上的該當如此。科學無法面對現實的多向度性，而是必須把現實視為單向度來對付。然而，一個科學家仍應知道自己所為何事，即令沒有其他理由，也不應掉進化約論的陷阱。

關於投影的曖昧性質，這裡還有一例，是發生在維也納，我住處的鄰近地方。一間菸草店的老闆被強盜所襲。在緊急狀況下，她大叫「法蘭茲」，也就是她先生的名字。店裡有簾子隔間，這個強盜以為法蘭茲會立刻從簾子後面過來，所以他逃跑了，也很快被逮捕。這個事件是自然循序發生的，可不是？但實際上，法蘭茲早在兩週前就已過世，而這位太太是在禱告上天，懇求她先生跟上帝來幫她解危。好吧，這完全要看我們怎麼來詮釋這個事件——你可以說那是由於強盜的誤解，也就是用心理學角度來看；或者也可以說，那是老天爺接受了她的禱告。我自己相信，假若真有老天爺這回事，而且老天爺也真會接受禱告的話，那祂一定是躲在這起事件發生的自然程序後面。

CHAPTER

2

自我超越之爲人的現象

Self-transcendence as a Human Phenomenon

上一章裡，我說人是對世界開放的。和動物相比才能這樣說，因爲動物不對「世界」（Welt）開放，而是被封閉在對該物種而言的特定環境（Umwelt）中。[1] 環境裡包含對物種本能有效的條件。相對於此，人類存在的一項特徵就在於能突破環境對於「智人」（homo sapiens）這個物種的障礙。人會伸手試探，最終會企及世界——在此世界中充滿著其他的存有，會讓他遭逢，也滿是意義讓他去實行（fulfill）。

1　此句中的「世界」（Welt）、環境（Umwelt）兩詞是德文，來自魏克斯庫爾（von Uxküll）的一組概念組成，其中包括三個「世界」（Welt），那就是：環境世界（Umwelt: at-world）、社會世界（Mitwelt: with-world）、自我世界（Eigenwelt: self-world）。作者在此有意用簡稱，故「環境世界」（Umwelt）簡稱「環境」。譯注

　　這樣的觀點和一些奠基於生理平衡原則的動機理論呈現深刻的對立。那些理論把人說成有如一個封閉系統。據此，人所關切的基本上就是維持或恢復體內的平衡，以及在此目的下，把各種緊張減低。分析到最後，這也被假定為驅力所致以及需求滿足的目標。正如卜玉勒（Charlotte Bühler）[2]很正確地指出：「從佛洛伊德最早形成的享樂原則，到較晚近的版本所陳示的張力釋放及體內平衡原則來看，人一生所有的活動，其不變的終極目標都被設想為重建個體本身的平衡。」

　　享樂原則是為平衡原則的目標服務的；但同時反過來說，享樂原則的目標則是由現實原則來為之服其勞的。根據佛洛伊德本人的說法，現實原則的目標在於維持享樂，即便常需延宕。

　　貝塔蘭費（Von Bertalanffy）會說：即令在生物學中，平衡原則也已經不成立了。郭德斯坦（Goldstein）則可由腦部病理學基礎上的證據來主張：對於體內平衡的追求，與其說是正常有機體的特徵，不如說是失序的徵兆。只有在患病的個案上，有機體才會力求避免任何緊張。在心理學領域中，奧

2　Charlotte Bühler, "Basic Tendencies in Human Life: Theoretical and Clinical Considerations," in *Sein und Sinn*, edited by R. Wisser, Tübingen, 1960. 原注

波特 [3] 更是反對平衡論，並說該理論「不足以代表追求自我統合的奮鬥」，而該奮鬥「之特徵乃在於抗拒平衡：張力需維持而非減低」。馬斯婁 [4] 也和卜玉勒 [5] 一樣提出類似的反對之見。在更近的研究中，卜玉勒 [6] 說道：「根據佛洛伊德的平衡原則，其終極目標乃在獲取某種完全的滿足，致使個體可恢復其平衡，使他所有的慾望得以平息。由此觀點看來，所有關於人性的文化創造實際上就會變成個人驅力的副產品了。」即令卜玉勒看見精神分析理論後來的多次更新，她仍帶著懷疑，因為正如她所說：「縱然精神分析理論可以企圖翻新，但它從未脫離其基本假設，亦即所有的奮鬥，根本的終極目標即是達到平衡性的滿足。創造新價值以及完成種種作為，只是附帶的目標，因為那都是由自我與超自我對於伊底的克服，但是，我再說一遍，最終還是為滿足而服務的。」相對於此，卜玉勒本人「將人理解為帶著意向性

3　Gordon W. Allport, *Becoming: Basic Considerations for a Psychology of Personality*, Yale University Press, New Haven, 1955. 原注

4　Abraham H. Maslow, *Motivation and Personality*, Harper & Brothers, New York, 1954. 原注

5　Charlotte Bühler, "Theoretical Observations about Life's Basic Tendencies," *American Journal of Psychotherapy* 13: 561, 1959. 原注

6　Charlotte Bühler, "Some Observations on the Psychology of the Third Force," *Journal of Humanistic Psychology* 5: 54, 1965. 原注

（intentionality）而生存，亦卽人活著是有目的的。其目的，乃是要給生命找到意義……每個人……所要的乃是創造價值」。更有甚者，「作爲人」就秉賦了「基本的，或先天的趨勢，朝向創造，朝向價值」。

因此，平衡原則未能產生足夠的基礎來解釋人類的行爲。尤其是像人有創造性的這種現象，總是朝向價值與意義，這就是以平衡原則爲參照架構的盲點所在。

至於享樂原則，我對它的批評還會更甚於此。我堅認，分析到底，享樂原則就是不攻自破的。一個人愈是以享樂爲目的，這目的愈會迷失。換句話說，那個「對快樂的追求」就被它本身橫梗於前。追求享樂的自敗本質就可說明許多性事的精神官能症。精神科醫師一次又一次親眼見證到性高潮和性能力這兩者是如何因爲被當作故意追求的目標，以致兩敗俱傷。這種情形還會變本加厲，事實經常就是這樣：過度的故意會連結到過度的注意。我常稱之爲意向亢奮與過度反思（hyper-intention and hyper-reflection）──而這就很可能會製造出精神官能症的行爲型態。

在正常情況下，享樂永遠不會是人類奮鬥追求的目標，而只會是（也必須維持是）其效果，具體而言，就是追求目標之副作用。達到了目標就構成快樂的理由。換言之，如果快樂是有理由的，快樂本身就會自動自發地來到。這就是爲

什麼人不需要追求快樂，人不需要特別理會它，只要其中有理由。

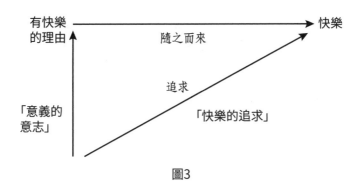

圖3

但，更進一步來說，人根本無法追求快樂幸福。當一個人把幸福變成動機的目標時，他必然會把快樂變成他所注意的對象。但恰恰是因為這樣做，他就看不見快樂的理由，而快樂本身必定消失得無影無蹤。

佛洛伊德的心理學把重點放在享樂原則，無獨有偶，阿德勒心理學強調的重點在於地位尊卑的驅力。無論如何，此觀點最終也證明是不攻自破的，因為一個人若表現出他的尊卑驅力，則他遲早會成為一個地位追逐者而遭到遣散。[7]

我自己的親身體驗有助於把這一點說清楚。在我寫的23本書中，如果有任何一本成為暢銷書，就是我本來想以

匿名出版的那本。只有當該書完稿時，我的朋友們才說服我，讓出版社把我的名字放上去。[8]這是不是很不得了？正因爲在寫該書時，我堅信它不會，也不可能爲我帶來成就與名聲，然而正是那本書實際上成爲一本暢銷書。但願此例可當作給年輕作家的示範與勉勵，寫作時該守住的是科學與藝術的良心，而不必管它會不會帶來成就。成就與**幸福**必須**發生**才算，而你愈是少管它，它就會有愈多的可能成眞。

　　分析到底，一方面是社會地位的驅力或權力意志，另方面則是享樂原則，或者你把它叫做享樂意志也可，都只不過是從人的原初關切衍生出來的，也就是說，來自意義的意志——這是意義治療法三根支柱之中的第二支。我所謂意義的意志可以定義爲人的基本**奮鬥**，以此去找到並實行意義與目的。

　　但是，有什麼理由可說權力意志與享樂意志都只是意義意志的衍生物？簡言之，享樂與其說是目的，實際上不如說是當意義完成後，所得的副作用。而權力，與其說是目的，實際上就是達成目的的手段；一個人如果要把意義的意志表

7　這是在說，追求尊卑本來是爲了解決自卑情結，但由於過度重視地位尊卑，最終必定陷入社會地位的結構，永遠在尊卑光譜中打轉，不能以尊解卑，是以持此理論者只能以失敗告終。譯注

8　該書最早出版的德文版封面上還是沒有作者的名字。原注

現出來，他必須擁有一定程度的權力——譬如財務上的權力，總的來說，這將是不可或缺的前提條件。只有在人對於意義完成的原初關切受到挫折之後，他才會只滿足於權力，或只在乎享樂。

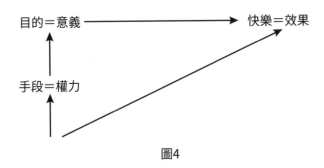

圖4

　　幸福與成功這兩者只是意義完成的替代品，而那也是為什麼享樂原則與權力意志都只是意義意志的衍生物之故。由於它們是以精神官能症的扭曲為基礎而發展出來，作為人的原初動機，這就可以理解為何古典心理治療學派的創始者會發展出這種動機理論，因為他們必須處理精神官能症，也只能以這種病患的典型動機拿來當作診斷和治療的基礎。
　　於是對於享樂的意向亢奮也許可以追溯到另一個更基本的關切。我這就用一個笑話來給個說明。有位男士在街上碰到他的家庭醫師。「你好嗎，鍾斯先生？」醫師問道。男士

回答：「什麼？」醫師就大聲地再問一遍：「你—好—嗎？」那位男士回說：「你看，我的聽力衰退了。」然後輪到醫師：「當然，你的酒喝太多。別再喝了，你的聽力就會好些。」

　　幾個月後，他們又碰面。「你—好—嗎，鍾—斯—先—生？」「你不必對我吼啊，醫師，我聽得很清楚。」「你一定是沒喝酒了？」「那倒是眞的。」幾個月後，他們第三度碰面。醫師又得提高嗓門好讓他容易聽懂。「你一定又恢復喝酒啦？」他這樣問他的患者。後者就答道：「你聽著，醫師。首先我有在喝酒，聽力也變差了。後來我戒酒，是聽得比較好些，但總不比威士忌那麼好。」

　　這位先生在聽力方面很挫敗，那就是爲什麼他會回頭去喝酒。因爲他所聽到的東西讓他沒理由快樂起來，而他要追求的正是快樂本身。享樂甚至帶來幸福感，因爲這是改道走生化路線而得來的，也就是靠酒精。正如我們所知，享樂不會直接由你想要就可獲得。但如今我們也注意到，有時只靠生物化學的媒介卽可得到。此後，對於享樂，人在缺乏理由的狀態下，就爲自己提供了一個原因，而其結果確是快樂。在原因和理由之間，到底有什麼不同？理由（也就是理性）總是屬於某種心理或靈智。然而原因，則總是生物學或生理學的東西。如果你切洋蔥，那是沒理由哭泣的，但你有原因讓你掉淚。如果你身陷在絕望中，那你就有哭的理由了。一

個登山客爬到一萬英尺的高度，覺得很有壓力，他的感覺可能有理由或有原因。如果他知道他的裝備不好，或是訓練不夠，他的焦慮就很有理由。但那也很可能是有個原因的——他缺氧。

現在，我們就回到這一個意義意志的概念。這是個假定，非常相似於卜玉勒[9]所謂的基本傾向。因為根據她的理論，完成才是最終目標，而四個基本傾向則是要為完成的目標服務，假若其中所謂的完成乃是意義的完成，而非自我的完成，或自我實現（self-actualization）。

自我實現並非人的最終目的，甚至不是人的原初意向。自我實現，假若其本身被設定為目標，就會與人類存在中自我超越的性質形成矛盾。正如快樂幸福一樣，自我實現也只是一種效果，即意義完成的效果。只有當人在相當程度上完成世界上的某種意義，他才算是完成了他自己。如果他從一開始就想要實現自我而非完成意義，自我實現馬上會喪失存在的理由。

我寧可說，自我實現乃是生命意向之中的一種無意之效。沒有人對此說得比哲學家雅思培更為精準：「人之所

9　Charlotte Bühler, "Theoretical Observations about Life's Basic Tendencies," *American Journal of Psychotherapy* 13: 561, 1959. 原注

是，乃是通過一種使命，變化而成，而該使命係創造出來才成爲自己的。」[10]

我一向主張，人在自我實現中會失去安身立命之處，如果他完全按照馬斯婁自己的說法去做的話，因爲馬斯婁自承：「自我實現這回事」最好的實踐之道應是「通過投身於一件重要的工作。」[11]在我看來，對於自我實現的過度關切也許可追溯到意義意志的挫敗。就像迴力鏢這種獵具，只當它沒擊中標的時，才會飛回到獵人手中——人也會像這樣回到自身，並專鶩於自我實現，那是因爲他已錯過了他的任務。[12]

在享樂原則和幸福的追求上所適用的，在馬斯婁所提的巔峰體驗（peak experiences）概念中也適用。那些體驗也一樣只是效果；只能隨後到來而不可執意追求。馬斯婁自己也會同意此一說法，因爲他自己也相信「捕獵巔峰就有點像在捕獵快樂。」[13]更有甚者，他承認「『巔峰體驗』這樣的用

---

10 作者在此先用雅思培的原文（德文）說了一遍，然後譯爲英文。這段德文原文在此跳過。譯注

11 Abraham H. Maslow, *Eupsychian Management: A Journal*, R. Irwin, Homewood, Illinois, 1965, p. 136. 原注

12 Viktor E. Frankl, *Psychotherapy and Existentialism: Selected Papers on Logotherapy*, Washington Square Press, New York, 1967. 原注

語，只是一種概括的說法。」[14] 不過，這說法還是過於輕描淡寫，因為這概念不只是概括。在某方面看來，這簡直是一種過度簡化之論。享樂原則與此類同。總之，享樂都是一樣的，不論其原因為何；幸福感也都一樣，不論其造成體驗的理由是什麼。正是馬斯婁自己再度承認：「我們內在的幸福感都非常相似，不論那是由什麼激發的。」[15] 至於種種巔峰體驗，他也提出一個平行的說法，謂之（它們）其實在效果上是一致的，雖然「刺激可以迥異：我們可以從搖滾樂、從毒癮以及酒精中獲得」，然而「主觀的感受總傾向於相似」。

很顯然，就是把這種種體驗處理為形式上的一致，而忽略了其內容的差異，從而將人的存在中的自我超越性質，在預設中就避而不談了。只不過，如奧波特所言：「在任何時刻，人的心都由意向引導其方向。」[16] 席畢哥博（Spiegelberg）也指意向為：「動作的一種性質，指向某一對象。」[17] 他的

13　Abraham H. Maslow, "Lessons from the Peak-Experiences," *Journal of Humanistic Psychology* 2: 9, 1962. 原注

14　Abraham H. Maslow, "Fusion of Facts and Values," 這篇講稿是1963年3月28日在精神分析協進會（the Association for the Advancement of Psychoanalysis）上宣讀的。原注

15　Abraham H. Maslow, "Lessons from the Peak-Experiences," *Journal of Humanistic Psychology* 2: 9, 1962. 原注

看法偏向於布倫塔諾（Brentano）的主張：「每一個心靈現象
的特徵都在於其指涉的內容，即指向於對象。」[18] 卽令馬
斯婁也覺察到人的體驗中有此意向的性質，看他說的：「在
眞實世界裡不會有臉紅而沒有讓臉發紅的東西，」換句話
說，臉紅的意思永遠都是「在場境脈絡中（in a context）的臉
紅」。[19]

　　由此，我們可看出在心理學中，把任何一個現象看成
「在場境脈絡中」有多重要，更具體說，把諸如享樂、幸福
及巔峰體驗，視爲在其場境脈絡中的現象，連上其各自的對
象，也就是說，連上讓一個人得以幸福的理由，以及讓他必
然體驗到那些巔峰和快樂的理由。把這些體驗所指向的對象
割除，最終一定會導致心理學的貧困。那就是爲何人類行爲

16　Gordon W. Allport, *Personality and Social Encounter*, Beacon Press, Bos-
　　ton, 1960, p. 60. 原注

17　Herbert Spiegelberg, *The Phenomenological Movement*, Nijhoff, The Hague,
　　1960, p. 719. 原注

18　Franz Brentano, *Psychologie vom empirischen Standpunkt*, Meiner, Leipzig,
　　1924, p. 125. 原注

19　Abraham H. Maslow, *Motivation and Personality*, Harper & Brothers, New
　　York, 1954, p. 60.「場境脈絡」常只譯爲「脈絡」，但在中文的用法可依其
　　上下文換用好幾個詞彙：文境、語境、情境、場合等，故爲它加上一個
　　通稱「場境」，以利於下文的討論。譯注

無法完全只是沿著假設的路線去理解，而該假設是說：人對於享樂與幸福的喜歡不必在乎其各自體驗的理由。像這樣的動機理論，把各不相同的理由放入括弧，以支持那總是一樣的效果。實際上，人所關心的並非享樂或幸福本身，而毋寧更在乎那些導致此效果的理由，不論是個人意義的實行或與其他人的會遇。這在與神聖存在的會遇之中尤其真切。隨此觀點而來的問題必定是：如果那種巔峰體驗是由LSD或其他迷幻藥所引發的，我們會產生多大的懷疑？如果化學的原因用來取代精神的理由，那麼，其效果就只不過是人造的假貨。一條捷徑卻拐進了死巷。

那類不能追求只能任其隨之而至的現象，也包括健康和良心。如果我們刻意追求「好的良心」，我們就沒資格說有了。這麼做只會把我們變成鄉愿。還有，如果我們一心一意只關切著健康，我們就會有病了——那就叫做慮病症（hypochondria）。[20]

談到追求快樂、幸福、自我實現、巔峰體驗等等所內含的不攻自破性質，健康和良心使我閃過一個念頭，就是關

20　慮病症（hypochondria）是一種精神官能症的病名，所謂「一心一意只關切著健康」就是疑心自己有病，病這病那，其實作內科檢測都無法測出哪裡有病。譯注

於所羅門王的故事。上帝邀他說說自己的一個願望。在一陣沉思之後，所羅門說他只希望能成爲人民的好法官。上帝就此而對他說：「好啊，所羅門，我會讓你的願望實現，並且讓你成爲有史以來最有智慧的人。只是，既然你都不追求長壽、健康、財富、權力，我就把那些都附加到你的願望中，讓你成爲最有智慧的人之外，還成爲有史以來最偉大的國王。」於是所羅門接受了那些他本來沒想要的禮物。

　　原則上，我們很有理由可像翁格斯馬（Ungersma）[21]那樣認定，佛洛伊德的享樂原則是用來引導小孩的原則，而阿德勒的權力原則是用在青少年的身上，至於意義的意志則是作爲成熟成人的引導原則。「因此，」他說：「這三個在維也納發展起來的心理治療學派，可視爲反映了個體從幼年到成熟的發展過程。」不過，能依託這一串過程的主要理由中，有一事實就是，在此發展的最早期階段中，看不到有任何意義意志的跡象。不過，此一事實已經不再令人尷尬了，只要我們知道，生命是一套 Zeitgestalt，即一套時間完形，如此一來，就只能在生命過程達到完成的階段時才能形成這樣的整

21　Aaron J. Ungersma, *The Search for Meaning: A New Approach to Psycho-therapy and Pastoral Psychology*, The Westminster Press, Philadelphia, 1961. Viktor E. Frankl 爲此文寫了前言。原注

體。因此，有種特定現象從其構成人性的某面向來看，可能
只在發展的高階中才會顯現。[22] 讓我們也想想另一種絕對屬
於人性的能力，就是創造及運用象徵符號。這無疑是人性的
特徵，雖然從來沒人看過一個嬰兒生來就會使用語言。

我說過，人不會在乎快樂、幸福本身，而只在乎導致
了這些效果的原因。這在不快樂的情況下最是顯而易見。我
們來試想一下，有個人正在哀悼他所愛的人之死，你給他提
供一些鎮定劑，想讓他放開那個心心念念的人，讓他不再憂
鬱。除非他是精神官能症式的逃避症，我們幾乎可斷定他會
拒絕用鎮定劑來打發他的悲慟，因爲他會吵著說：這什麼都
不會改變，所愛的人不會因此而回來。換句話說，憂傷的理

22　巴西斯（Edward M. Bassis）曾說：「我的看法是：『意義的意志』對於年輕
　　人和對於成年的一代來說，是一樣重要的動機。問題在於，在小孩身上
　　我們只能推論其存在，除非他發展出足夠的語言能力來與我們的推論對
　　應。然而，以現象學而言，『意義的意志』在幼兒身上有存在的明證，
　　至少在我看來是很可信服的。從誕生之始，他就捲入一個不斷提供驚奇
　　的世界讓他去發現，還有種種關係讓他去探索和體驗，以及種種活動讓
　　他去發明。一個嬰兒之所以會熱切地探索新體驗，會在他自身及環境中
　　實驗，乃致持續不斷的創造與革新，以及發展出他的人性潛能，這些都
　　是由於他有『意義的意志』之故。如果有任何一人對一歲小兒觀察一段
　　時日，並且將此有目的的行爲以及生之喜悅（joie de vivre）解釋爲需求的
　　滿足與緊張的降低的人，我敢向他提出挑戰，說這樣對幼兒作出的人性
　　降格之論，怎能不帶有罪過？」未出版論文。原注

由依然留著。除非是個精神官能症患者，否則他所關切的應是憂鬱的理由，而不是如何消除憂鬱。他有足夠的現實感，知道閉眼不看一事，不會讓該事消失。而我認爲，一個科學家的現實感至少應該和一個正常人一樣，也能從意向所指的場境脈絡中去探索一個人的行爲。

對於意義意志概念所作的經驗確證，有克倫堡與馬侯力克（Crumbaugh and Maholic）提供的研究文獻，[23]他們聲稱：「觀察與實驗數據的傾向都有利於弗蘭可所假設的，存在於人身上的驅力。」不過，這就引發了一個問題：我們可以把意義的意志稱爲一種「存在於人身上的驅力」嗎？我認爲不然。因爲，我們如果在意義的意志中只看到另一種驅力的話，那麼，人基本上又會被視爲一種只關心內在平衡的生物。這麼一來，很顯然地，他所需實行的意義就是爲了滿足意義的驅力，也就是說，只是爲了恢復平衡。於是意義的實行不是爲了意義本身之故，而是爲了他自己。

但卽使不考慮平衡原則，用驅力來理解人的基本關切，對於事態本身也會是不準確的描述。當人朝著意義而去時，若是對於人身上發生了什麼事，作個不偏不倚的觀察，就會

23　James C. Crumbaugh and Leonard T. Maholick, "The Case for Frankl's 'Will to Meaning,'" *Journal of Existential Psychiatry* 4: 43, 1963. 原注

揭示出兩種截然不同的情況：一是被某事物所驅動的存有，
另一則是正在追求某事物的人。從生命體驗的直接素材之
中，可看出一條原則：人是被驅力所推，被意義所拉，而其
含意就是：他到底願不願讓後者實行，那是完全由他決定。
因此，意義的實行總是蘊含著能作出決定。

　　以此之故，我在談意義意志時，是為了排除以意義的
驅力為概念所作的誤解。但這個用詞中絕不包含一廂情願
的（voluntaristic）偏見。羅洛・梅（Rollo May）說得對，[24] 他的
論點是：「存在主義的取徑把決定與意志擺回到整幅圖像的
中心，」而當「存在心理治療師」都能「把意志與決定的問
題作為治療過程中核心的關切時」，「建屋者原先排斥的石
塊，現在變成了屋角的重要基礎。」然而我還要補幾句留心
的話，以免在此重新陷入意志力的傳道，或教人相信唯意志
論（voluntarism）。意志不能用強求、命令，或指定。你不能
用意志來推動意志。假若想要引發意義的意志，則意義本身
就先要得到闡明。

　　卜玉勒 [25] 相信「健全的有機體在發揮其功能時，所
仰賴的是能將張力輪流收放。」我認為像這樣的個體發

24　Rollo May, "Will, Decision and Responsibility," *Review of Existential Psychology and Psychiatry* 1: 249, 1961. 原注

生學（ontogenetic），它的輪替功能是可以跟種系發生學（phylogenetic）平行的。張力的起落興衰週期在人性的歷史中也可觀察得到。佛洛伊德的年代是張力極高的時期，由於對性事的高度壓抑而導致。現在，我們活在放鬆的時代，尤其是對性事的釋放。特別是生活在盎格魯—薩克遜國度中的人，他們由於清教徒信仰之故，在性事方面受到又長久又深刻的壓抑之苦。我在第一章曾指出，他們由於佛洛伊德的影響，讓他們覺得一輩子受惠良多，而這種恩惠很有可能說明了他們爲何對於超過精神分析以外的精神醫學新取徑會如此無理抗拒。

今日吾人都已倖免於緊張。首先，這種缺乏張力的狀態是由於意義的喪失，我已將此情此景描述爲存在的空虛，或是意義意志的挫折。

在喬治亞大學的校園報刊中有一篇由李特（Becky Leet）執筆的社論，她在其中問道：「對於今日的年輕一代來說，佛洛伊德或阿德勒跟你們有何相干？我們已經有**藥丸**來將我們從性滿足的反彈中解放——今天在醫藥方面再也不必受到

25　Charlotte Bühler, "Basic Tendencies in Human Life: Theoretical and Clinical Considerations," in *Sein und Sinn*, edited by R. Wisser, Tübingen, 1960. 原注

挫折與禁制。而且我們已經有了權力——瞧瞧咱們的政客對於25歲以下的群眾有多敏感，還可看看中國的紅衛兵。在另一方面，弗蘭可說，今天的人們活在存在空虛之中，而這種存在空虛主要顯現為無聊。無聊——聽起來很熟悉吧？你們認得的人當中有多少人常抱怨自己很無聊——就算我們想要什麼都觸手可及，包括佛洛伊德在談的性事以及阿德勒在談的權力？為什麼？你們可能會覺得奇怪，弗蘭可也許有答案。」

當然，他沒有答案的。畢竟，意義治療法的功能不在於給答案。它的實際功能毋寧是給個催化劑。這種功能曾被一位美國年輕人從越南寫給我的信上這般描述：「我的問題還沒在您的哲學中找到答案，但您已將我自己的自我分析之輪啟動，又開始轉了。」

在何種程度上，教育增強了存在空虛，並造成了張力的缺乏？一套仍以平衡理論為本的教育體制，其指導原則就是對年輕人灌輸「應該儘量少給要求」的想法。年輕人確實不應當遵守過多的要求。不過，我們也得考量這個事實，就是在今天這般豐足的社會裡，大多數人所受的苦其實是要求過少而非過多。豐足的社會就是要求過低的社會，身在其中的人都免於緊張。

然而，免於緊張的人就很可能會製造緊張，不論是以

健全的或以病態的方式。說到健全的方式，在我看來就像
是利用運動的功能，來讓人發洩一些生活中的緊張，但卻又
一心一意強加要求於其自身，以此來回報這個缺乏要求的
社會。更有甚者，在這樣的運動中還包含著某種禁慾主義
（asceticism）在內。因此，我們不能說德國社會學家蓋倫[26]的
哀嘆沒道理，他說中世紀的那種禁慾之德，在世俗世界中還
真是沒有等值的東西可以替換。

　　至於用病態的方式來製造緊張，尤其在年輕人，我們
只要想想被人稱為披頭族（beatniks）和阿飛（hooligans）的那
種人就好。他們去挑釁警察，這是在維也納發生的情況；或
是在美國東岸，他們「玩雞」（play chicken）[27]。這些人其實是
在玩命，其方式便有如衝浪上癮者那般，最終都會蹺課、逃
學，而在美國西岸也是如出一轍。不說也知，我把話題限於
談論上癮的人。那些服食迷幻藥上癮者，其用意也是相同
的，就是要得到一點快感，或找個刺激。在英國，摩德族和
搖滾族互鬥。在奧斯陸，破壞狂最成功的對手就是前任破壞
狂。每天晚上，十幾個14至18歲的志願青少年會守護福羅

26　Arnold Gehlen, *Anthropologische Forschung*, Rowohlt, Hamburg, 1961. 原
　　注
27　此詞是指不顧死活的拼鬥，譬如玩命的飆車。譯注

納公園的游泳池，還會跳上奧斯陸的路面電車，防止有人來割壞座椅。其中有一半以上是先前的阿飛。根據相關報導，說：「他們覺得站在護法的一邊和站在違法的一邊，是同樣過癮。」換句話說，他們在找的是快感和緊張，也就是社會為他們免除的緊張。

教育在避免面對年輕人的理想與價值。它們都棄權了。美國教育中有一項特徵在歐洲人看來可謂驚人。我指的是某種頑念（obsession），要避免威權、甚至避免指導。這種頑念也許可追溯到清教徒傳統，也就是一種道德和倫理上的威權主義與極權主義。不讓年輕人直面理想與價值，這般的頑念也許正是一套反動形成的機制（reaction formation）。

對於意義和目的有可能強加於我們自身而形成的集體頑念恐懼，已經造就了一種抗拒理想與價值的怪癖。於是，在倒洗澡水的同時也把娃娃一併倒掉，就這樣把理想和價值也都倒光光了。不過，奧克拉荷馬大學醫學院的精神醫學／神經學／行為科學系主任韋斯特（A. J. West），[28]最近才作了下述的宣告：「我們的青年可以負擔得了理想主義，因為他們是生活在富足社會的第一代。然而他們負擔不起唯物主義，

---

28 Louis Jolyon West, "Psychiatry, 'Brainwashing,' and the American Charac-ter," *American Journal of Psychiatry* 120: 842, 1964. 原注

不論是辯證的還是資本主義的——因爲他們是眞正可能看見世界末日的一代。我們的青年男女都受過夠多的教育，足以瞭解：人類只有把兄弟之義視爲理想，才能拯救世界，以及拯救自己。」顯然如此。我只要引用一筆奧地利貿易工會的民意調查報告。在抽選的1,500位年輕人之中，有87%表示他們的信念是：有理想是值得的。換個援引內容，不是深度心理學而應是高度心理學家葛倫（John H. Glenn）[29]的說法：在更大的範圍上，「理想正是人類賴以存活的東西。」

　　相對於平衡理論，緊張不但不是可以無條件避免的東西，而心理的平靜、靈魂的安寧也不是什麼可以無條件聲稱的狀態。正當的緊張度，譬如由於要實行意義而激發的緊張，實爲人類天生的，並且是心理上的幸福感之中不可或缺的成分。人類首要的需求乃是由方向感而來的緊張。佛洛伊德[30]曾說：「人是堅強的，只要他的立場是堅強的觀念。」事實上，這已在日本和北韓的戰俘營（可分別參見拿丁尼〔Nardini〕[31]與立夫頓〔Lifton〕[32]），以及在集中營裡經歷過考驗。就算是在平常的情況下，強烈的意義導向乃是增強

29　John H. Glenn, *The Detroit News*, February 20, 1963. 原注

30　Sigmund Freud, *Gesammelte Werke*, Vol. 10, p. 113. 原注

31　J. E. Nardini, "Survival Factors in American Prisoners of War," *American Journal of Psychiatry* 109: 244, 1952. 原注

健康、增加壽命（即使不能救命）的要素。那不只是生理上的，也是心理上的健康（寇辰〔Kotchen〕[33]）。

我們來參考一下去年發生在加州大學柏克萊校區的事情。當警戒開始之時，申請進入精神醫學系的人數陡降。而當警戒撤除之後，申請人數又大幅上升。在那幾個月之內，學生在言論自由運動中發現了意義何在。

說到自由就讓我想起幾年前發生在我身上的事情，當時我在一所美國的大學演講。一位著名的美國佛洛伊德派分析師對於我宣讀的一篇論文有所評論。他說他剛從莫斯科回來，那裡的精神官能症患者和美國相較，在比率上低很多。然後他還補充道：這很可能可以追溯其原因到一項事實，就是，他覺得，在共產主義國家中，人們更常要面對一些有待完成的任務。「這很有利於說明您的理論，」他作了這樣的結論：「就是意義的方向感以及任務導向，對於心理健康都很重要。」

一年之後，有些波蘭的精神科醫師邀請我給個演講談意

32　Robert J. Lifton, "Home by Ship: Reaction Patterns of American Prisoner of War Repatriated from North Korea," *American Journal of Psychiatry* 110: 732, 1954. 原注

33　Theodore A. Kotchen, "Existential Mental Health: An Empirical Approach," *Journal of Individual Psychology* 16: 174, 1960. 原注

義治療法。我在演講裡引述了美國精神分析師的說法：「你們的精神官能症比美國少，因爲你們總是有比較多的任務待完成。」我這樣說時，他們在偷笑。「但是別忘了，」我補充道：「美國人保留了選擇任務的自由，而這種自由有時在我看來，是你們所不准擁有的。」他們就笑不出來了。

假若能把東方和西方綜合起來，把任務和自由融爲一體，那該有多好！那才是自由得以充分發展的境界。但若只要求給予積極的補償，那就會變成一個消極的概念。[34] 其實積極的補償應是負起責任來。負責任有兩個指向，其一是指我們有責任讓意義得以實行；其二是指對於我們面前的存有，我們負有責任。因此，民主的健全精神，如果只懂得要有自由而不負起責任的話，那就只是一偏之見。

自由所受的威脅就是會退化成純粹的任意而爲，除非生活在責任的條件下。我想說，在東岸有自由女神像，在西岸就應該補上一尊責任女神像。

34　在許多抗議運動中都含有同樣的道理。很多抗議其實是只是在反彈，反抗一些東西卻又不提出正面的替換選項，可用來爭取。原注

CHAPTER

3

意義是什麼意思？[1]

What is Meant by Meaning?

　　我一直嘗試傳達一個意思，就是存在的本身總是步履維艱，如佛洛伊德所言，除非有個「堅強的觀念」，或是有個堅強的理想可以持守。[2]引述一下愛因斯坦：「一個人視自己的生命為無意義，則他不只是不快活，而是根本不適於生命。」

1　「意義」和「意思」在此雖然是用同一個詞的不同詞態（動名詞和動詞），但這可以表示「意思」是在「意義」的後設層面，作為把「意義」表出的主體所為。作者在此正是要說：「我要告訴諸位讀者，我說的『意義』是什麼『意思』。」譯注

2　佛洛伊德說要有堅強的idea（觀念），弗蘭可說的則是堅強的ideal（理想）。「idea」（觀念）與「ideal」（理想）只差一個字母，在字義上也是直系親屬。中文譯名雖看不出這種關係，但值得我們這樣理解：理想是個觀念，而觀念也總是以理想的型態來表現。譯注

　　不過，存在不只是有意向性，也是有超越性的。自我
超越是存在的本質。作爲人的存有乃是朝向著不同於己的
他者。在這種「他者性」（otherness）之下，我引述阿勒斯
（Rudolf Allers）[3]的說法：也存在著人類行爲所針對的意向的
指涉。再引阿勒斯[4]：「超主體性之域（the realm of the trans-
subjective）」乃由此構成。無論如何，把超主體性淡化，已成
爲流行的趨勢。受到存在主義的衝擊，強調的重點在於人
的主體性（subjectiveness）。實際上，這是對於存在主義的誤
解。那些作者們假裝已經克服了客體與主體之間的二分法，
但他們沒注意到，正如眞正的現象學分析所揭示的，沒什麼
認知可以自外於客體與主體之間的兩極張力場（polar field of
tension）。那些作者們還口口聲聲說著「在世存有」。然而，
要正確理解這個用語，你必須認識作爲人的存有，其深意在
於投身並纏捲於處境中，並直面著一個世界，其中的客體性
與現實性無論如何不會被「在世的」那份「存有」的主體性
所減損。

　　保留著「他者性」和客體性的客體，意指保留住已經內

3　Rudolf Allers, "The Meaning of Heidegger," *The New Scholasticism* 26: 445,
　　1962. 原注

4　Rudolf Allers, "Ontoanalysis: A New Trend in Psychiatry," *Proceedings of
　　the American Catholic Philosophical Association*, 1961, p. 78. 原注

建在客體與主體之間的張力。這種張力正等同於「我是」與
「我應」之間的張力，以及現實與理想之間、存有與意義之
間俱有的張力。而如果要維持這種張力，就必須防止讓意義
與存有重疊。我該說，是意義的意義在調節存有的步伐。

　　我喜歡把這種必然性跟《舊約》裡的故事相比：當以色
列人在曠野中流離失所，神的榮耀乃以天空中的雲顯現。只
有以此方式，以色列才可能由神引導前行。試想像一下，不
這樣的話，會發生什麼事——假若神不是以雲所象徵的方式
現身，而是混居在以色列人之中：這雲不是在天空引導，
而是在人間雲霧茫茫、模糊一切，那麼，以色列人一定會
迷路。

　　以此觀點來看，你就會看出一種危險，在於「事實與
價值的融合」，正如它發生在「巔峰體驗和自我實現者的
身上」[5]，因為在巔峰體驗中，「『此是』與『此應』合為一
體。」[6]不過，生而為人的意思就是要把面對的意義得以實
行，價值得以實現。這就意指生活在兩極張力場之中，在現
實與理想的拉扯中力求其實體化。人靠著理想和價值來過

5　Abraham H. Maslow, *Eupsychian Management: A Journal*, R. Irwin, Home-
　　wood, Illinois, 1965. 原注

6　Abraham H. Maslow, "Lessons from the Peak-Experiences," *Journal of Hu-
　　manistic Psychology* 2: 9, 1962. 原注

活。人的存在除非是活在自我超越的條件上，否則不可能是真實的。

人對於意義與價值有原初且自然的關切，現在受到普遍流行的主觀主義（subjectivism）[7] 與相對主義（relativism）的威脅。兩者都頗有侵蝕理想主義與熱忱的傾向。

我這就引用一個例子來讓你們更加注意，這是引述自一位美國心理學家之說：「查爾斯……特別地『憤怒』，這是他自己說的，每當他接到某種專業人員寄來的帳單時，譬如牙醫或其他醫師寄來的醫療費，他就只付其中一部分費用，或根本不付款……我自己對於帳單的態度相當不同，我把立刻付款的價值看得很高。在這情況下，我不會討論我自己的價值觀，而會聚焦於他的行為背後的心理動力，因為……我自己對於立即付款的強迫需求帶有精神官能症的動機……我絕對不會有意識地引導或說服我的患者接受我的價值觀，因為我相信價值是……相對的……而非……絕對的。」[8]

我認為付帳單也許有個人好惡之外的意義，也不必然跟

7　作者所說的「主觀主義」（subjectivism）並非「主體論」，而是更接近於唯主觀論（subjectivisticism）。在中文裡有個更容易理解的意思就是「己見」。譯注

8　James S. Simkin, in Charlotte Bühler, *Values in Psychotherapy*, Free Press of Glencoe, New York, 1962. 原注

無意識的意義有關。奧波特說得很對:「佛洛伊德是這樣一位專家,他專精於那些不能用表面價值來理解的動機。」[9]這樣的動機果真存在,當然也未能改變事實——大部分的動機都可用表面價值來理解。如果連這都要否認的話,那麼,在這否認機制背後的隱藏與無意識動機到底會是什麼?

我們來看看何乙舍(Dr. Julius Heuscher)[10]針對一位專攻歌德的著名精神分析師所寫的兩大卷著作所作的書評。「在1,538頁的浩大篇幅中,」評論寫道,作者「對這位天才描繪出如下的印記:躁鬱症、妄想症、癲癇、同性戀、亂倫、偷窺狂、暴露狂、戀物癖、性無能、自戀症、頑念強迫症、歇斯底里症、自大狂,等等。他似乎把焦點都只放在藝術作品底下的本能動力上。我們被引導著相信(歌德的作品)只是前生殖期的固著(pregenital fixations)。(他的)奮鬥並非真的朝向理想、美、價值,而是在試圖克服令人尷尬的早洩問題……這兩大卷書再度擺明了,」評論者的結論說:「(精神分析的)基本立場至今不曾有真正的改變。」

現在我們也許可以瞭解,W‧I‧湯普生(William Irwin

---

9 Gordon W. Allport, *Personality and Social Encounter*, Beacon Press, Boston, 1960. 原注

10 Julius Heuscher, "Book Review," *Journal of Existentialism* 5: 229, 1964. 原注

Thompson）提出的質疑是多麼有理，他的問題是：「如果我們的文化中教育程度最高的成員至今還一直把天才們看成喬裝的性變態，如果他們還一直認爲所有的價值都只不過是徒有其表的虛構，不過屬於集體人類的規範，而不屬於眞知灼見的科學家，那麼，當世人都在輕忽價值，且迷失在消費狂潮、犯罪和不道德之中時，我們怎樣才能有所警覺？」[11]

毫不奇怪的是這等事態所可能造成的傷害。不久前，哈特勒（Lawrence John Haterer）[12] 就指出：「許許多多藝術家在走出精神科醫師的診間時，對於醫師的詮釋怒不可遏——醫師說，他之所以寫作是因爲他對於不公不義的事件有蒐集癖，或說他是個施／受虐癖者；他之所以表演是因爲他是個暴露狂；跳舞是因爲他想對觀衆施以色誘；或者畫畫是因爲要克服嚴格的如廁訓練中不准許他亂塗自己的糞便。」

佛洛伊德的智慧和警覺過人之處在於他有一次評論道：有些時候，一支雪茄也許就是雪茄，且也只不過是支雪茄罷了。或者這句話本身只是一套防衛機制，在合理化他自

11　William Irwin Thompson, "Anthropology and the Study of Values," *Main Currents in Modern Thought* 19: 37, 1962. 原注

12　Lawrence John Hatterer, "Work Identity: A New Psychotherapeutic Dimension," Annual Meeting, American Psychiatric Association. Quoted from *Psychiatric Spectator*, Vol. II, 7: 12, 1965. 原注

己的抽雪茄成癮？這樣說就構成了「無限迴歸」（*regressus in infinitum*）。畢竟，我們並沒有贊同「佛洛伊德的信念，亦即他把『決定的』和『動機引發的』視爲同一」，這是在引述馬斯婁[13]的話，他責怪佛洛伊德「誤把『決定的』和『由無意識動機而來的』混爲一談，簡直好像行爲都沒有別的決定因子可言」。

根據精神分析的一項定義，意義與價值無非就是反動形成與防衛機制。我自己可不情願爲了反動形成而活，更不願意爲防衛機制而死。

但是，意義與價值眞的像很多人所相信的那麼相對和主觀嗎？在某方面看來，是的，但不是相對主義和主觀主義所設想的那樣。意義之所以相對，是因爲它關聯於某一特定的人，而此人正糾纏在某一特定的情境中。你可以說，意義從一人到另一人都是不同的，也可以說從一天到另一天亦不同，甚至每個鐘頭都不一樣。

明確地說，我寧可談意義的獨特性，而非相對性。然而，獨特性不僅是專屬於某一情境的性質，還屬於生命的整體，因爲生命就是一連串的獨特情境。因此，人就其本質或

13　Abraham H. Maslow, *Motivation and Personality*, Harper & Brothers, New York, 1954, p. 294. 原注

存在而言，皆屬獨特。分析到底，沒有一個人可被取代——就每個人的本質而言。而每個人的生命之所以獨特，就在於沒有別人可來重複——透過他本人獨特的存在。他的生命遲早會永遠結束，而所有能讓意義得以實行的獨特機會也一併消失。

比起希列爾（Hillel）這位近兩千年前的猶太哲人，我不曾在別處發現誰把這話說得更精確扼要。他說：「若我不為——誰為之？若我不立即動手——我何時該動手？但若我只為我個人之故而為——我算是什麼東西？」若我不為……這在我看來就是指我自己的獨特性。若我不立即動手……是指稍縱即逝之時刻的獨特性，本可讓我得以有實行意義的機會。而若我只為我個人之故而為……在此出現的，就人的存在而言，不多不少正是自我超越的性質。像這樣的問題：「若我只為我個人而為之，我算是什麼東西？」所需的答案乃是：我就真的不算是人。因為這就是人的存在所特有的成分，亦即它總是會超越自身，向外延伸到他者。用奧古斯丁的話來說，就是：人心總不安寧，除非他發現了，並實行了，生命的意義與目的。這段陳述，正如我們到下一章還會看見的，總括了大部分的理論和治療法，它所針對的正是我稱之為「智因型」的那種精神官能症。

但我們要轉回來談意義的獨特性。據我所說過的來看，

世上沒有所謂生命的普世意義這種東西，只有個人在個別處境中的獨特意義。不過，我們不能忘記，在這些處境之中也會有一些處境有共通點，然後也就會有一些意義是人類各社會所共有的，甚至穿透了歷史的各時期。這些意義不僅與個人的獨特處境有關，還指涉到全體人類的境況（human condition）。而這些意義就被理解為價值。因此你可以把價值定義為普世的意義，是一個社會乃至人性所當面對的典型處境所形成的結晶。

擁有價值，可減緩人類追求意義的負擔，因為在典型處境當中，他至少可以不必作特別的決定。不過，嗚呼，他也就得為這如釋重擔的結果付出代價，因為跟獨特處境的獨特意義相對之下，很可能是兩種價值的互相碰撞。價值的碰撞反映在人的精神中，其形式就是價值衝突，如此一來，它就在形成智因的精神官能症上發揮了重要作用。

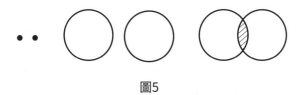

圖5

我們來想像一下：獨特的意義是一些點，價值則是幾

個圓。可以理解的是：兩種價值可能會互相重疊，然而這在獨特意義之間是不會發生的（見圖5）。但我們仍要自問：兩種價值真的會互相碰撞嗎——換言之，用兩個二維的圓形來做類比，是否正確？對於價值，更正確的類比難道不是三維的球體嗎？兩個三維的圓球從三維空間向下投影在二維平面上，可能產生兩個互相重疊的圓形，雖然那兩個圓球本身並未有任何接觸（見圖6）。兩種價值互相碰撞的印象乃是出於沒有考慮到全體向度的後果。這個二維向度是什麼？這就是價值的階層秩序。根據謝勒的說法，價值的評定中隱含著對價值的偏好傾向。這是他對於評價過程所作的深刻現象學分析所得的最終結果。價值的高低評等乃是與價值本身一併體驗的。換言之，體驗一種價值，就包含體驗它的等第高於另

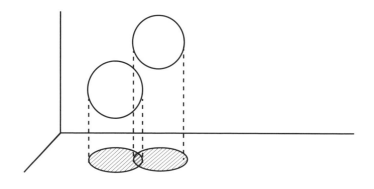

圖6

一價值。這就沒有空間可產生價值衝突。

然而，價值高低階序的體驗並未讓人免於作決定。人是被驅力所推，但也被價值所拉。他對於處境所提供的價值，總是可以決定要接受或拒絕。同樣的道理，對於來自倫理道德傳統的價值階序亦然。它們仍要接受一些考驗，亦即人的良心考驗——除非他拒絕聽從，並壓制良心所發出的聲音。

我們既然已經處理過意義如何相對的問題，讓我們再往前一步，走進主觀與否的問題。分析到底，意義難道不就是詮釋這回事？而詮釋不就總是含有作決定的意謂？有些處境不就允許種種詮釋，但人必須從中作出選擇？我自己的一段體驗暗示了肯定的答案。[14]

在美國參與二戰之前不久，我接到維也納美國大使館給我的邀請函，要我去領取移民簽證。那時我在維也納是單身，跟老父老母住在一起。他們當然不期望我另作他想，要我去領簽證然後趕快移民到這個國家。但到了最後一刻，我猶豫起來，因爲我自問：「我眞的該這樣？我根本可以做到？」因爲我心頭突然湧上的是我的父母，也就是說，在幾

14　Viktor E. Frankl, "Luncheon Address to the Third Annual Meeting of the Academy of Religion and Mental Health," *Journal of Existential Psychiatry* 4: 27, 1963. 原注

週之內，就當時的情勢而言，他們會被送進集中營，甚至終結營（extermination camp）。而我真能把他們的命運留在維也納？在那之前，我一直有能力保護他們免於這種命運，因為我是一所猶太醫院神經科的主任。但如果我離開，整個情勢會立刻翻轉。我在那裡苦思什麼才是我真正的責任時，我覺得這就是一種典型的處境，很希望看見一點通常稱為天降的暗示那種東西。之後我回到家，就在那時，我注意到有一塊大理石橫在一張桌上。我問了父親，那東西怎會在那裡，他就說：「喔，維克多，我是今早在猶太會堂舊址那裡撿的。」（會堂已經被國社黨人燒毀了。）我再問：「那你為什麼要撿那東西？」「因為那是載有十誡的兩塊桌板的一部分。」然後他指給我看，大理石塊上刻有希伯來字母，還鑲了金邊。「我還可以跟你講更多，」他接著說：「如果你有興趣的話。這個希伯來文的字母代表的只是十誡之一的縮寫。」我急著問他：「哪一條？」他的回答是：「尊敬你的父親和你的母親，這塊土地就是你的居所。」[15]我當場決定留在這個國家，和我的父母一起，讓簽證過期。

---

15 原文並未直接引述舊約，而是寫下他記得父親告訴他的話。實際典出於〈出埃及記〉中的「當孝敬父母，使你的日子在耶和華你神所賜你的地上得以長久」。譯注

　　各位完全有道理說這只不過是一場投射測驗，我一定在內心深處先做好了決定，然後就投射到出現在眼前的一塊大理石上。但若我把這塊大理石看成不過是一堆碳酸鈣，這也可成為一種投射測驗的結果，說得更仔細點，就是一種無意義感的表現，或一種內在的空洞和虛無，而我將此稱為存在的空虛。

　　以此，對於所有的表象而言，意義就只是我們對於周身事物的投射，而那些事物本身原是價值中立的。用中立性來看，現實很可能只是個螢幕，讓我們把自己的一廂情願投射於其上，有如羅夏克墨漬（Rorschach blot）。若果如此，意義就只不過是自我表達的手段，因此也定是牢牢的主觀。[16]

　　然而，唯一可稱為主觀性的乃是觀點——我們透過它來接近現實，而這樣的主觀性絕不會岔離現實本身的客觀性。有一次我在哈佛的研討課上為學生即席解釋了此一現象。「只要透過這間演講廳的窗戶，看看外面的哈佛教堂。你們每個人都會以不同的方式看到教堂，就是從不同的觀點，也就是由於你們的座位各有角度。如果你們當中有人說自己所

16　參見 Kai Nielsen, "Linguistic Philosophy and Beliefs," *Journal of Existentialism* 6: 421, 1966, 他說：「生命本來就沒有什麼意義在那兒等著讓人發現……但它有的是不管什麼意義，只要你能給它。」他的說法近似於 A. J. Ayer, "Deistic Fallacies," *Polemic* 1: 19, 1946. 原注

見的教堂是和鄰座的人一模一樣，我就必須說其中有一人看
到的是幻覺。那麼，所見景觀的差異有哪一點會岔離教堂的
現實性和客觀性呢？當然沒有。」

　　人的認知在本質上就不是萬花筒。如果你往萬花筒裡
看去，你看見的就不過是萬花筒本身裡面的東西。但假若
你透過望遠鏡來看，你會看見望遠鏡之外的景象。如果你看
的是世界，或世界中的事物，你也會看見，好比說，不只是
觀點而已。但凡是**透過觀點之所見**，不論觀點有多主觀，所
見必是客觀世界。事實上，「**透過……之所見**」正是拉丁文
perspectum 這個字的翻譯。

　　我不反對把「客觀」一詞替換爲更嚴謹的「超主觀」
（trans-subjective），如同阿勒斯 [17] 的用法。這其實沒什麼差
別，用來談事物或意義也一樣。兩者都是「超主觀的」。這
種超主觀性其實在我們談及自我超越時，就一直是我們的預
設。人類一直在超越自身而邁向意義，亦即有別於自身之事
物，不只是表達自己，還更多於自己的投射。意義是由人發
現的，但不是發明。

　　這就和沙特的主張相反了──他說理想和價值乃是人的

17　Rudolf Allers, "Ontoanalysis: A New Trend in Psychiatry," *Proceedings of the American Catholic Philosophical Association*, p. 78, 1961. 原注

設計和發明。或者，亦如沙特所說，人發明了自己。這讓我想起了某種托缽僧的魔法。他宣稱可以把繩子丟向空中，不用任何東西固定。他還煞有介事地說，他可以叫一個男孩爬上去。沙特難道不也是這樣，要我們相信人可以「投射」，意思是向前方或上方的空無之處拋出理想，而人可以爬上去，實現這個理想以及完美的自我？但是那個具有兩極的張力場對人而言有迫切的需要，實質上就是在建立心理健康與道德整全時不可或缺的，客觀性的一極必須保存，因而意義的超主觀性才可被實行此意義的人所體驗到。

這種超主觀性實際上是被人所體驗的，而此事很顯然就展現在於一種對此體驗的言說形式中。除非他的自我理解被詮釋的成見所嚴重削弱，更不要說被灌輸，否則他說的意義應是某種有待發現之物，而非他可給出的東西。用現象學分析來嘗試對此體驗作不偏不倚地、經驗式地描述，總可顯示：意義是發現的，而非給出的。就算是給的，我會說，那也不是任意給出，而是有一定答案的給法。也就是說，對於每一個問題，總是有一個答案——正確的那個。在任何處境中，只有一個意義，那就是其真義。

我在美國的巡迴演講中，有一次主辦人要求聽眾把問題用大寫寫在紙上，請我回答。這些紙片先傳給一位神學家，再轉傳給我。那位神學家建議我跳過一個問題，因為，他

說：「那完全是胡說八道。居然有人想知道，你怎樣在你的存在理論中定義什麼是『600』？」我看到的紙片上寫的意思完全不同：「你怎樣在你的存在理論中定義『GOD』（神）？」大寫的「GOD」和「600」無法區分。看吧，這是不是一場無意出現的投射測驗？總之，神學家讀成「600」，而神經學家讀成「GOD」。[18] 但這問題對於提問者來說，只有一種讀法是正確的。我們由此而抵達了意義的定義。**意義乃是意之所指**（Meaning is what is meant），不論是對我提出問題的人，或是一個處境中隱含的問題所要求的答案。我不能說：「我的答案是對是錯，」如同美國人愛說：「我的國家是對是錯。」我必須很努力地發現我提的問題真義何在。

我得說，人可以自由回答生命對他所提的問題，但這種自由不可被任意武斷所混淆，必須用責任來加以詮釋。人有責任對一個問題給出**正確**的答案，也要對一種處境找出**真實**的意義。意義乃是要找到的而非給出的，要發現的而非發明的。克倫堡與馬侯力克 [19] 曾指出：在處境中找出意義與完

---

18 後來，我有心把紙片影印留下，用幻燈片打出來給維也納大學的美國學生看。信不信由你：九位學生讀出「600」，另外九位讀出「GOD」，還有四位猶豫不決。原注

19 "James C. Crumbaugh and Leonard T. Maholick, "The Case for Frankl' s 'Will to Meaning,'" *Journal of Existential Psychiatry* 4: 43, 1963. 原注

形知覺（Gestalt perception）有關。這個假定受到完形學派專家魏特海默（Wertheimer）的說法所支持：「像這樣的處境，7+7等於……乃是個留有空白或間隙的體系。有可能用好幾種方式填滿這個間隙。唯一的完滿——14——相應於此處境，適合這個間隙的正是此體系中的結構性要求，在此位置上，完成其功能。它對此處境是最合理的處置。用其他方式來填滿，譬如15，就不合適了。那不是正確的答案。我們在此碰上了處境中有要求的概念；『有要求』。在此秩序中『有所要求』乃是個客觀的性質。」[20]

我說過，意義不能任意給出，而只能負責地找出來。我也一定講過，意義必須用良心去發現。事實上人對於意義的尋求就是由良心引導的。良心可以定義為人在其處境中發現意義的直覺能力。既然此意義乃是某種獨特的東西，它不歸總體法則的管轄，於是像良心這種直覺能力，就是要抓緊意義的完形之時唯一可用的手段了。

除了是直覺之外，良心還是有創意的。一次又一次，一個人的良心會命令他去做些跟社會對他的說教相矛盾的事

---

20 M. Wertheimer, "Some Problems in the Theory of Ethics," in *Documents of Gestalt Psychology*, edited by M. Henle, University of California Press, Berkeley, 1961. 原注

情，而此人是隸屬於這個社會的，譬如他的部落。假設這個部落有食人之風，個人的創意良心卻可能在某處境下發現饒了這個敵人比殺了他更有意義。緣此之故，他的良心也許會開創一場革命，也就是讓那原先只是獨特的意義變成普世的價值——「汝不可殺人。」今天的獨特意義轉變為明天的普世價值。這就是宗教的創造以及價值演進的方式。

良心也有力量去發現獨特的意義，與既有的價值對抗。我方才引述了十誡之一，它的下一條就是：「汝不可姦淫。」在此文脈中，我想起來的是一個人和他年輕的妻子，被關進奧徙維茲（Auschwitz）集中營。[21] 在他被釋放後，他告訴我，他們倆被迫分離。當時他突然強烈感覺要哀求妻子活下來：「不管怎樣——你懂嗎？不管要花什麼代價……」她懂他的意思：她是個美人，不久之後也許會有機會留下她的命來，只要她同意去當蓋世太保的淫婦。一旦這種情勢出現，這位丈夫是想要事前告訴她，絕對要以保命為先。到了最後關頭，良心在強迫他也命令他，讓他的妻子不要遵守那條「不犯姦淫」的誡命。在那獨特的處境中——的確很獨特——其

---

21 這個集中營的名稱，不知何故，在很多翻譯中都被譯為「奧斯維辛」，讀音和原文很不相稱。現根據最接近的德文讀音改譯為「奧徙維茲」。譯注

獨特的意義就是要放棄婚姻忠貞的普世價值，不要遵守十誡。肯定是這樣，才能不與「汝不可殺人」相牴觸。若不告訴她「不管怎樣」絕對要活下來，就會使他對於她的死負有責任。

我們今天活在一個傳統崩解與消失的世代。於是，與其說是由發現獨特意義而創造新價值，發生的事情剛好相反。普世價值逐漸萎縮了。那就是為何愈來愈多人會掉進無目的與空洞的感覺中，正如我把這些稱為存在的空虛。然而，就算所有的普世價值都消失了，生命還是會充滿意義，因為獨特的意義並未被消失的傳統所觸及。如果人想在簡直沒有價值的年代中找出意義來，他肯定需要良心的整套裝備。因此在理性上站得住腳的，乃是在我們這個年代，也就是存在空虛的年代，教育的優先任務不是要滿足傳統與知識的傳遞，而是要讓那種能力更為精鍊，足以讓人發現獨特的意義。今日的教育已經無法承擔只沿著傳統前進的路線，而必須引發能力來作出獨立與真誠的決定。在十誡看來已經失去無條件效度的年代，人必須比以往學會更多，才能聽出千萬個獨特處境中傳來的千萬個誡命，而他的生命就捲在其中。至於他必須面對的這麼多誡命，他必須仰賴的就是他的良心。也唯一只有生機活潑的良心能夠使人抵擋得住存在空虛，也就是從眾的附和主義（conformism）與極權主義的影響（請見下

文，第四章）。

我們生活在一個多方面都可說是富裕的時代。大眾傳播媒體用一大堆刺激來轟炸我們，而我們幾乎需用過濾器才能保護自己。我們看到許多可能性的供應，必須在其中作選擇。簡言之，我們必須決定什麼是重要的，什麼不是。

我們生活在**藥丸**的時代。我們被提供了史無前例的可能性，除非我們甘願放蕩於其中，淹沒而無悔，否則我們必須訴求於選擇性。只不過，選擇性的基礎是責任，也就是說，在良心引導之下作決定。

眞正的良心跟我所謂「超自我中心的僞道德」（super-egotistic pseudomorality）[22] 無關。它也不能用制約反應來敷衍。良心絕對是人的現象。它附隨於人類的境況中，且銘印著人之爲適者而得以生存。因爲他不只是由良心引導去追尋意義，有時也會被誤導。除非他是個至善主義者，否則他也會情願接受良心中本來就有的這種不可靠。

是眞的，人就是既自由又要負責任。但他的自由是有限的。人的自由並非萬能。人的智慧也不至於全知，這在

---

22 superegotistic 一詞是 superego（超自我）和 egotistic（自我中心）兩字的疊合，譯爲「超自我中心」，可以有兩種讀法：「超—自我中心」／「超自我—中心」。譯注

認知和良心的兩面皆然。一個人從來就不曉得他自己所投入的是否爲眞正的意義，且他可能直到壽終正寢也無法知曉。*Ignoramus et ignorabimus*——我們現在不知，也始終未知——正如杜布瓦—雷蒙所說的那般，雖然他是在全然不同的心理生理學問題脈絡中說的。[23]

但是，若果人不要和他的人性自我矛盾，他就必須無條件地遵循他的良心，即便意識到其中有錯誤的可能。我會說，錯誤的可能並不使他抵銷試錯的必要。正如奧波特所言：「我們有可能在同時既半信半疑，卻又全心全意。」[24]

我的良心可能犯錯就意謂別人的良心可能是對的。這樣想會帶來謙恭爲懷的結果。我是要尋求意義的，我必須確信有意義存在。但另一方面，我不確定自己會找到，那我就必須寬容。這並不暗示什麼都可以的不在乎主義（indifferentism）。寬容並不表示我共享著別人的信仰，但確實意指我認知到別人有信仰的權力，且聽從他自己的良心。

---

23 杜布瓦—雷蒙（Emil Du Bois-Reymond），德國生理學家。這個名字源自法語區，故其讀音可用法文，也可用德文，或就是混雜著法德二文的讀法。他所說的「不知／未知」基本上是針對科學知識的限制而言，本文作者則將此延伸爲人生哲學的命題。譯注

24 Gordon W. Allport, "Psychological Models for Guidance," *Harvard Educational Review* 3: 373, 1962. 原注

　　因此之故，心理師一定不可將價值強加在患者身上。患者必須聽從他自己的良心。我有多次被問道，這種中立主義在希特勒個案上是否可以維持，我很肯定地回答，因為我相信希特勒本來不會變成那樣子，除非他早早就壓制了他自己內在良心的聲音。

　　不說也知，碰到緊急的案子，心理師不必然要固守中立主義。在面對一個有自殺風險的個案時，動手介預是完全正當的，因為只有錯得離譜的良心才會命令自己自殺。這個命題在以下的案情中可以平行陳述：只有錯得離譜的良心才會命令自己去殺人，或者，再談一次希特勒——就是指他的種族滅絕。但在此一假定之外，希波克拉底誓詞[25] 本身也會強迫醫師去防止患者自殺。我個人樂意承擔一種責難，就是我擔任的主管醫職都是遵循著肯定生命的世界觀來執行，尤其在處置自殺個案之時。

　　但無論如何，根據規則，一個心理師不會把他的世界觀強加給他的患者。意義治療師也不例外。沒有一位意義治療師敢說他知道所有答案。意義治療師不像舊約裡的「蛇」那

25　希波克拉底誓詞（Hippocratic oath）是西方傳統的醫師在執醫之前，以希臘醫神希波克拉底之名所發的倫理誓詞，至今雖不完全遵照，但就醫療倫理而言，大多內容依然有效，譬如不損害病人、不歧視病人、不洩漏祕密等。譯注

樣，牠「對女人說：『你……會像神一樣，知道善惡。』」沒
有一位意義治療師會假裝知道什麼是價值、什麼不是；什麼
有意義、什麼沒意義；什麼才有道理、什麼沒道理。

瑞德立區與符立德曼（Redlich and Freedman）[26] 把意義治
療法斥之為意圖為患者的生命賦予意義。實際上，相反才是
真的。我就是那種人，會孜孜不倦地說：意義必須發現而不
能給予，尤其不能由醫師來給。[27][28] 患者必須自發地尋找。
意義治療法不會開這種處方。雖然事實上我已經重複多次，
明明白白說了以上那段話，還是有人一次又一次控訴意義治
療法為「給予意義與目的」。沒有人控訴佛洛伊德的精神分
析，說他既關切患者的性生活，也一定會給他拉皮條。沒有
人控訴阿德勒心理學，說他關切患者的社會生活，就一定會
給他找工作。為什麼意義治療法在關切患者的存在抱負與挫
折時，要得到「給予意義」的罪名？

對於意義治療法的這種譴責還有更費解的面向，即令

---

26 F. C. Redlich and Daniel X. Freedman, *The Theory and Practice of Psychia-
try*, Basic Books, New York, 1966. 原注

27 Viktor E. Frankl, "The Concept of Man in Logotherapy," *Journal of Existen-
tialism* 6: 53, 1965. 原注

28 Viktor E. Frankl, "Logotherapy and Existential Analysis——A Review,"
American Journal of Psychotherapy 20: 252, 1966. 原注

其所關切者只限於智因精神官能症所當發現的意義，而這只占了我們這個診所的20％病例。而在實施弔詭意向技法（paradoxical intention technique, 這是意義治療法對智因精神官能症所發展出來的一種治療面向）的治療中，甚至根本不含有任何意義的難題與價值的衝突。

不是意義治療師，而毋寧是精神分析治療師，才會有如下的問題──再引述一次國際精神分析學刊（*International Journal of Psychoanalysis*）：「打從一開頭就是個道德主義，」因為「他對人的影響就在於道德以及倫理行為。」[29] 我個人相信，用道德主義二分法來區分自我中心主義（egotism）和利他主義（altruism），早已過時了。我相信自我中心者只當在為別人考慮時才會獲益，相反的，利他主義者──正因為他們只想到他人──必須時常要多關照自己。我很肯定道德主義的取向終將讓路給存有論取向。後者所定義的善惡乃是以意義之實行是否得以促進或阻撓為條件，不論其是否為個人自己所擁有的，還是來自別人的。

我們這些意義治療師確實都相信，在必要的情況下，

29　F. Gordon Pleune, "All Dis-Ease Is Not Disease: A Consideration of Psycho-Analysis, Psychotherapy, and Psycho-Social Engineering," *International al Journal of Psycho-Analysis* 46: 358, 1965. 引自 *Digest of Neurology and Psychiatry* 34: 148, 1966. 原注

會說服我們的患者意義必須獲得實行。但我們不會假裝知道意義是什麼。讀者也許已注意到，我們抵達了意義治療法的第三個基本主張——跟隨在意志的自由，以及意義的意志之後，就是生命的意義。換言之，我們的信念在於生命必有其意義——這意義，乃是人一直在追尋的。此外就是：人有自由去著手實行此意義。

　　但是，基於什麼道理，我們可以肯定：對每個人而言，生命是（且一直是）有意義的？在我心目中能有的基礎不是道德主義，而是簡單的經驗事實——用最廣義的話來說。我們只需要走向街頭，看看每個路人實際體驗到什麼意義和價值，然後將它轉譯爲科學語言。像這樣的著手實踐，我會說，正是我們稱爲現象學所做的工作。反過來說，意義治療法的任務乃是把我們所學到的東西再轉譯一遍，用平常的話來教我們的患者，讓他們曉得如何可以在生命中找出意義。你不必假定這種工作是立基於跟患者作直接的哲學對話。總有其他的管道可以通往此一境界，知道生命必是無條件地有意義。我記得很清楚，有一次在紐奧良的大學作完公開演講之後，有個人走上前來，他只是想來握個手，向我道謝。他是個標準的「路人甲」，因爲他原本是個築路工人，坐牢十一年，而唯一能在他內心撐住他的就是《活出意義來》，他在獄中圖書館找到的書。所以，意義治療法並不只是知識分

子的事情。

意義治療師既非道德主義者亦非知識分子。他的工作
乃奠基於經驗上的分析，也就是現象學分析，而這種現象學
分析的對象就是簡單的路人甲對於價值歷程的體驗，由此可
顯現出一個人如何在生命中發現意義：創造出一種工作或做
一件事或透過自然與文化而體驗到真善美；或者，最後但非
終結於此，就是與另一個獨特的存有之獨特人性會遇——換
言之，去愛他。無論如何，對於意義最高貴的欣賞要保留給
一些人——他們在行為、在工作、在愛情中發現意義的機會
雖被剝奪，但他們在這困境中所選擇的態度，就是在處境中
能夠振奮與成長。重要的在於他們所站的立場——這立場允
許他們在困境中發生轉化型變（transmutation）[30]，因而變為成
就、勝利，以及英雄作為。

如果有人喜歡在此語境中仔細談價值，他可能分辨出
三組價值。我把這些分類為創意的、體驗的，以及態度的價
值。這是一個系列，反映了人在生命中發現意義的三種主要
方式。第一類是人可用他的創造對世界給出什麼；第二類是

30　「Transmutation」原是個演化生物學的術語，指跨種突變，即轉變為另
　　一物種，簡稱「變種」。在此語境是用生物學作隱喻，但不必視為任何
　　變種之義，故改譯為「轉化型變」。譯注

在與世界的會遇與體驗中**獲得什麼**；第三類是在困境中採取的立場，因為真實情況是：他必須面對他無法改變的命運。這就是為什麼生命永遠不會停止有意義的狀態，就算一個人創造與體驗價值的機會完全被剝奪，他仍然面臨著意義是否實行的挑戰，也就是說，意義中內在的正確性，以正直的方式承受苦難。

為了作個詳實的說明，我摘錄一段葛羅曼拉比（Rabbi Earl A. Grollman）的說法。他有一次「接到一通電話，是一位罹患不治之疾的女性打來的」。她問道：「我該怎麼面對死亡的想法和現實呢？」這位拉比報導說：「我們在很多不同的場合談這件事，而身為一個拉比，我向她介紹了好幾種在我們信仰傳統中的不朽概念。但事後回想起來，我也提到弗蘭可博士的態度價值概念。她對很多神學的討論沒什麼印象，但態度上的價值卻引起她的好奇──尤其當她知道創發此概念的人是一位精神科醫師，還曾經被關在集中營裡。這個人以及他的教訓捕獲了她的想像力，因為他對於苦難的瞭解遠多過理論上的運用。她當時即刻領略了解決之道，就是當她無法避開這難免的痛苦時，她要決定以何態度與方式來面對她的疾病。她變成她周身受苦受難的眾人之間所仰望的一座堅強高塔。起初那好像只是在『擺架子』，但時間拉長後，她的行為中投注了目的。她對我吐露道：『也許我個人所表

現的不朽之舉，就在於我面對這種難關的方式。卽令在當時我的痛苦眞是難以忍受——我達到的是內在的和平與滿足，而這是我以前從來不曉得的。」後來她很有尊嚴地過世，並且在我們的社區中以其不屈不撓的勇氣而受人懷念。」

我並不期望在這樣的語境中詳述意義治療法和神學之間的關係。[31] 這個話題要留到本書最後一章再談。就算在原則上，態度價值的概念自有理據，不論其中有沒有奉守一種宗教性的人生哲學。態度價值的概念並非來自道德或倫理的處方，而毋寧是來自經驗和事實的描述，亦卽一個人如何爲自己或他人的行爲作評價。意義治療法的基礎在於**將價值視為事實**的陳述，而不是**將事實視為價值**的判斷。我說的事實就像路人甲看見有人把十字架背起來，會將此舉評價爲一種「不屈不撓的勇氣」（用葛羅曼拉比的話來說），認爲這遠甚於一個只是很成功的人，乃至在商業上飛黃騰達的人，或一個很善於搞性關係的花花公子。

我在此要強調我所指的只是「無法改變的命運」。接受可治之病的折磨，譬如可動手術治療的癌症，那就不會產生

---

31 Orlo Strunk, "Religious Maturity and Viktor E. Frankl," in *Mature Religion*, Abingdon Press, New York, 1965; Earl A. Grollman, "Viktor E. Frankl: A Bridge Between Psychiatry and Religion," *Conservative Judaism* 19: 19, 1964; D. Swan Haworth, "Viktor Frankl," Judaism 14: 351, 1965. 原注

什麼意義。那會構成一種自虐症而非英雄作為。[32] 但我要用一個比較不抽象的實例來讓此要點變得更明白。我曾遇見一則廣告，其中帶有下述的詩句，這英文翻譯是我的一位朋友法布理（Joseph B. Fabry）所作：

> 靜靜承受，沒有無謂紛擾，
> 因為那是命運強加於汝曹；
> 但是對於蟲子無須順從：
> 來找羅森斯坦幫您除蟲！[33]

特勞曼（Richard Trautmann）在他給我的德文著作《人類，受苦者》（*Homo patiens*）所寫的書評中說得很對，他談道：「受苦乃是人類不論代價都必須千方百計予以排除者。」然而，我們應該假定，他以一位醫師的身分，已經意識到：有些時候，會有無可避免的苦難直面著人，也就是人遲早會死，而在此之前，他必須受苦——縱令科學已經發達到讓進步主義（progressivism）和唯科學論（scientism）如此受人崇拜

---

32 原文中的「自虐症」（masochism）與「英雄作為」（heroism）兩字都有「-ism」字尾，構成有如押韻的對比，但中文翻譯無法出現這種修辭樂趣：「英雄+ism」絕不可能是一種「症」。譯注

33 中文翻譯是譯者所作。譯注

的地步。面對這些存在的「生命事實」而閉上眼睛，就意謂
強化了精神官能症患者的逃避主義（escapism）。人總要儘可
能避免受苦。但對於無法逃避的苦難呢？意義治療法能教人
的就是只要可能的話，痛苦一定要避免。但當痛苦的命運無
法改變時，那就不僅必須接受，還有可能讓它質變爲有意義
的東西，乃至變成一種成就。我很驚訝這種取向是否實際上
會「指向退化的傾向，變成自我破壞的順服主義」，如同特
勞曼所言。

　　以某種意義而言，態度價值的概念遠比在受苦中尋找意
義的概念更爲廣闊。受苦只是人的存在中我所謂「悲劇三角
型構」（the tragic triad）之一角。這個三角型構乃是由痛苦、
罪疚與死亡所組成。沒有一個人可說他從不失敗，不會受
苦，不會死。

　　讀者也許注意到這第三個「三角型構」在此是初次出
現。第一個三角由意志的自由、意義的意志、生命的意義所
構成。生命的意義則由第二個三角來構成——創意的、體驗
的，以及態度的價值。而態度價值又可細分爲第三個三角型
構——對於痛苦、罪疚以及死亡的態度。

　　談到「悲劇」三角，讀者們可別被誤導而至把意義治療
法認定爲人家所說的悲觀存在主義那樣。毋寧說，意義治療
法對於生命是採取樂觀取向，因爲其中的教訓就是：沒有什

麼悲劇或負面的面向不能由人所採取的立場來改變——質變
爲正面的成就。

但在人對於痛苦與罪疚二者所選擇的態度上，就有個
不同之處。在痛苦的情境中，人確實是對自己的命運採取了
立場，否則其中的受苦就不會產生意義。至於在罪疚的情境
中，人所需採取的立場乃是針對自我。

更爲重要的是：命運不可改變，否則那就不叫命運。
然而，人總是可以改變自己，否則他就不是人。作爲人的
特權，也是構成存在的要件，就是有能力型塑以及再型塑自
己。換言之，罪疚感是人的特權，而他有責任去克服罪疚。
《聖昆丁新聞》的主編在給我的一封信上說，一個人「有可
能經歷一場轉化型變」（見下文）。

對於這種轉化型變提出的現象學分析，沒有人寫得比謝
勒那本書[34] 更爲深刻，其中更具體的說法，是在〈懺悔與重
生〉那章。謝勒也指出：人有權利被認定爲有罪，並接受懲
罰。一旦我們把人視爲生活環境及其影響的受害者時，我們
不只不把他當人來對待，還會削減他的改變之志。

我們現在轉到人類存在的悲劇三角型構，談其中的第三

34　Max Scheler, *On the Eternal in Man,* Harper & Brothers, New York, 1960.
　　原注

個面向，也就是生命的短暫無常。通常人只會看到人生無常的枝微末節，而忽視了整段如同倉廩有實的過去。在過去，沒有什麼東西會一去不復返的，而是統統會絲毫無遺地保存下來，安全地傳遞並貯存。沒有任何人可以把我們從過去救回來的東西奪走。但凡做過的就無法消除。這又會增添到人的責任當中。因為在面對生命無常之時，他有責任利用所有在眼前通過的機會來表現他的潛能，讓價值實現，不論那是創意的、體驗到的，或是態度上的。換言之，人有責任去決定該做何事，該愛何人，以及該如何受苦。一旦他實現了價值，一旦他實行了意義，他的實行就是一勞永逸了。

　　但現在我們要轉回到街邊簡單的路人，以及生意人身上。前者把後者的成功評價為在「向度性」上低於他，因為他很成功地作了轉化型變而把困境轉為佳境。「向度的」人類學，在前一章曾作過簡介，可以幫助我們理解高低是什麼意思。通常在日常生活中的人，其生活舉止的向度都以成功作為正極，失敗作為負極。這就是個很行的人、極聰明的動物，即智人的向度。但是受苦的人，透過他的人性，有能力起死回生，並能對於他的苦難採取立場，與前一向度宛若可作垂直方向的運動，此一向度的正極是實行，負極是絕望。一個人總是奮力求取成功，但是，若有需要的話，就不必仰賴他的命運，因為其中不一定准許成功。作為一個人，以他

自己所作的選擇，就有能力找出並實行意義，卽令身處於無望的情境中。這般事實只有透過我們的向度取向方可理解，其中分配給態度價值的向度高於創意價值與體驗價值。態度價值是所有可能的價值中位階最高者。受苦的意義——當然單指不可避免、不可逃開的那種——乃是可能意義中的最深者。

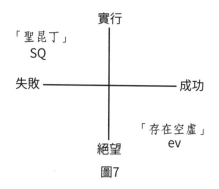

圖7

逢一艾卡恣伯格（Rolf H. Von Eckartsberg）在哈佛大學作了個研究，調查哈佛畢業生的生活適應。其結果提供了一個統計證據：在100名受試者之中，20年前畢業者有高比例的人抱怨他們所面臨的危機。他們覺得他們的生命中沒有要點、沒有意義。而這些人雖然如此填答，但他們一個個都過者相當成功的專業生活——他們當律師、內外科醫師，最

後還有當分析師的，我們因此也可假設他們的婚姻生活與此相當。他們栽在存在空虛之中。根據我們的圖示，他們可能落在「成功」之下，「絕望」之右的「ev」（e〔xistential〕v〔acuum〕，存在空虛）那點。這現象就是「雖成功但絕望」，故只能用兩個不同向度來表現。

在另一方面，有一個現象可用「雖失敗但充實」來形容。這個點落在左上角。標註為「SQ」，代表聖昆丁，因為在這監獄裡我曾遇見一個人，可以見證我的主張，也就是，意義可在這樣的人身上發現：他實際上已經山窮水盡，活到最後一刻，尚存一息，仍敢面對死亡。

我曾經受邀去《聖昆丁新聞》接受主編的訪問，地點在加州州立監獄。他自己就在聖昆丁服刑。他寫的一篇評論（評的是我的書）刊登在他的報紙上，在那之後，監獄的教育督導覺得讓他來訪問我，是個很聰明的點子。這場訪談用廣播送進每一間牢房，幾千位服刑人都聽到，包括那些已經在死刑等候室裡的在內。其中有一位，四天後要送進瓦斯室的死刑犯，請求我特別為他講幾句話。對於這種要求，我怎麼能夠應付得來？還記得我在別的地方曾經有過的親身體驗，那裡的人也等著瓦斯室的伺候，我向他們表達了我的信念，就是說：生命要麼是有意義的（在這情況下，意義不靠生命的長短來決定），要麼就是無意義，因而在此情況下

讓生命延長就無所謂了。於是我就講了托爾斯泰的故事《伊凡·伊列區之死》。就這樣，我希望告訴服刑人：人可以超越到自己之上，即令在最後一刻——因而可將意義反芻到過往浪費掉的生命。信不信由你，這信息確實傳達到所有的服刑人。過了不久，我從一封加州州立監獄的官方來信上讀到：「在《聖昆丁新聞》上有篇文章報導了弗蘭可博士的聖昆丁之行，這篇文章在南伊立諾大學主辦的**全國刑事新聞刊物大賽**中，獲得首獎。該文是從超過150所美國矯治機構的代表中選出，而獲得的最高榮譽。」但在我寫信給得獎者向他道賀之後，他回信給我說：「我們的訪談手稿在本機構內廣為流傳，」還有「出現了一些本地的評論，譬如像『理論上那樣講很好，但生命的道路不是那樣的走法。』」接下來他向我吐露道：「我計畫寫一篇編者導論，從我們當下的處境中取材，亦即我們直接的困境，顯示出生命確實就是這樣走法，而且我該向他們顯示的正是本監獄中的真實情況，在其中，即使陷入極深的絕望與無奈，但人仍能把自己的生命體驗型塑成充滿意義的樣子。他們也仍不信人在這種處境下還能夠經歷轉化型變，把絕望轉變為凱旋。我應該嘗試讓他們知道，這不僅是一種可能性，而是必然性。」

　　讓我們來把聖昆丁和哈佛併在一起，汲取一些教訓吧。被判無期徒刑的人，或在瓦斯室旁等死的人可以「凱旋」，

然而生意成功的人在逢—艾卡恣伯格筆下卻陷入「絕望」。
在向度人類學與存有論的啟明之下，絕望確實很能與成功相
容——正如意義的實行可以跟死亡與受苦相容。

　　果然，我們一旦把這種實行投射到它本身的向度以及低
一階的向度，譬如那些生意人或花花公子的向度，對他們而
言只有成功才算數，一旦我們投射的是**義無反顧的**（*meaning
despite*）實行意義，不，因爲其中還有**受苦**，投射到低一階
的向度，那就一定會造成曖昧的投影——根據向度人類學與
存有論的第二法則，還有可能（好比說）跟「向自我破壞的
順服性退化的趨勢」兩相重疊，這是引用特勞曼的說法。[35]

　　有兩位美國作家研究過集中營囚犯的心理學。他們如何
詮釋這些人所受的是什麼苦？這些受苦的意義在投射到分析
的、動力的心理學主義（psychologism）[36]之後，會被描述成
什麼樣子？「囚犯們，」其中一位作者認定：「退化到自戀位
置（narcissistic position）。酷刑折磨強加致此」——你能期望囚
徒在酷刑之下受的是什麼苦？聽聽這個：「在酷刑折磨強加
之下，產生無意識的閹割之義。囚犯們透過受虐狂，或虐待

35　Richard Trautmann, "Book Review," *American Journal of Psychotherapy* 5:
　　821, 1952. 原注
36　「心理學主義」一詞是「心理學」的貶義，如同「科學主義」之爲「科學」
　　的貶義。譯注

狂，以及幼稚行爲來作自我防衛。」更有甚者：「納粹迫害的倖存者壓抑他們憤怒的反抗」——你期望他們壓抑的是對誰的憤怒反抗？「反抗他們自己被謀殺的父母。」還有「倖存者試圖摒除攻擊性，針對的是」——針對誰？「針對他們活著的孩子們。」

　　就算我們把個案材料視爲當然會再現實情，但只沿著純粹的分析與動力論路線來作詮釋，顯然會閃避對於受苦有何意義的理解。[37]法蘭克福大學精神醫學系主任簇特（Jürg Zutt）曾指出：把納粹迫害之後的倖存者作爲一個心理學研究的領域，經常是不可信的，因爲都侷限於一小群的受試者。[38]更且，在任何一個個案中提出的材料，都只選擇了能夠適用於分析與動力理論的面向。他提到我的書《活出意義來》之中出現的「個案」，其中有一位具有分析與動力論取向的評論者，所能注意的唯有他能感覺到的事實，就是囚犯在力比多的發展上都退行到便溺階段。除此之外他無法發現任何其他

37　F. Hocking 說：「試圖以心理動力論來解釋遭受極端壓力之後的人格改變，乃是在貶抑佛洛伊德對於理解人類行爲的獨特貢獻。」參見 F. Hocking, "Extreme Environmental Stress and Its Significance for Psychopathology," *American Journal of Psychotherapy* 24: 4, 1970. 原注

38　Jürg Zutt, "Book Review," Jahrbuch für Psychologie, *Psychotherapie und medizinische Anthropologie* 13: 362, 1965. 原注

東西值得一提。

我要作個結論了。讓我們來聽聽一個應該比精神分析理論家知道得更多的人——此人從小就被關進奧徙維茲集中營，後來離開時也還是個小孩：耶乎達‧培根（Yehuda Bacon），以色列第一流的藝術家，曾經出版過下述體驗的著作，時在他離開集中營之後的第一階段：「我記得的戰後第一印象之一——我看見一場葬禮，有一具超大的棺材和音樂，我禁不住笑了出來：『他們是不是瘋了，只為一個屍體就搞這樣的鋪張？』如果我去一場音樂會或看一場戲，我會估計聚集在此的這麼多人，如果都送進瓦斯室，那會留下多少衣物，多少顆金牙，還有多少袋的頭髮。」到此，我們看見了培根所遭受的苦難。那麼，其意義何在？「還是個小孩的我，想到：『我會把我的所見所聞告訴他們，希望人可以變得更好。』但是人家並沒有改變，甚至根本不想知道。到了很久之後我才真正瞭解受苦的意義。其可能的意義就在於它可讓你變得更好些。」

意義治療法的應用
Applications of Logotherapy

4

存在的空虛
對精神醫學的挑戰

The Existential Vacuum: A Challenge to Psychiatry

　　在處理過意義的問題之後，我們現在轉向一種人，他
們所受的苦就是無意義感以及空虛感。愈來愈多患者的病
訴乃是他們所謂的「內在空洞」，那就是我把這種病況稱為
「存在空虛」的緣故。和馬斯婁所擅於描述的巔峰體驗恰恰
相反，我們可以把存在空虛依此設想為「深淵體驗」（abyss-
experience）。

　　存在空虛的病源學在我看來乃是如下幾種事實的後果。
首先，和動物作對比，沒有一種驅力和本能會告訴人**一定要**
做什麼。其次，和先前的時代作對比，沒有一種習俗、傳
統、價值會告訴人應該做什麼；他甚至經常不曉得他基本上
想要做什麼。代之而起的乃是他想做別人做的事，或他做的
事就是別人要他做的。也就是說，他成為從眾主義或是極權

主義的獵物，前者以西方爲代表，後者則代表了東方。

存在空虛之爲一種現象不但日漸增加還廣爲流傳。在今日連佛洛伊德派的精神分析學家也承認，正如在德國舉行的國際研討會上看見的，有愈來愈多的患者所受的苦，就是生命中缺乏內容、沒有目標。更有甚者，他們還承認這種事態可以說明許多「沒完沒了的分析」(unterminable analyses)，[1] 因爲在躺椅上的治療變成唯一的生活內容。當然佛洛伊德派的心理學不會使用意義治療法的術語「存在空虛」，因爲這是我在十多年前自行鑄造的名詞，而他們也不使用意義治療法來對付此一現象。只不過，他們承認有此現象存在。

存在空虛不但與時俱增，還日漸擴散。譬如，一位捷克的精神科醫師曾在一篇論存在挫折的文章中指出：[2] 存在空虛在共產主義國家中也自行讓人有感。

那麼，我們應當如何來對付存在空虛？你可能認定我們每個人都必須信奉一套健全的人生哲學，以便展現生命確實

1　「沒完沒了的分析」一語來自佛洛伊德的文章〈可終止與不可終止的分析〉(Analysis terminable and interminable [1937], in Standard Edition XXIII: 209-253)。譯注

2　S. Kratochvil, "K psychoterapii existencialni frustrace," Cˇeskoslovenska psychiatria 57: 186, 1961, and "K problemu existencialni frustrace," Cˇeskoslovenska psychiatria 62: 322, 1966. 原注

擁有什麼意義。這種認定乃是基於態度價值的概念，我們在上一章已作過詳述，在其中我們也指出傳統的衰微只會影響普世價值，而非獨特的意義。

但是佛洛伊德本人鄙視哲學，也把它排遣為僅僅是性事壓抑之後的某種最體面的昇華形式。[3] 我本人相信哲學不只是性事的昇華，毋寧說，正是那些哲學與存在的難題把人困住之後，性事被當作它們的廉價逃避方式。

在美國的雜誌上，你可能讀到這樣的陳述：「這樣說很保險的──在世界歷史上，從來沒有一個國家的性事像今天的美國那般負載沉重。」怪的是，這句話是從《君子雜誌》（Esquire）抄下來的。無論如何，倘若此說果真如此，那就會讓一個假設變得很可信：美國人平均負載的存在挫折比別國人更多，因此更會強烈利用性事來作過度補償。參照此說，那就很容易瞭解以下的比較：我的學生在維也納大學醫學院

3　Ludwig Binswanger, *Erinnerungen an Sigmund Freud*, Francke, Bern, 1956.
（譯者按：這是佛洛伊德與賓斯汪格的往來書簡，在其中佛洛伊德特別表明他很欣賞賓斯汪格的貢獻，但對於精神的事情，他說：「你寫的東西，我可是一字都不信。」佛洛伊德一輩子都在談精神的問題，為了強調他和賓斯汪格〔以及存在分析〕的不同，他說他寧可談「本能」。這是個需要明辨的對話方式，若只說佛洛伊德把這問題「排遣」掉了，那才是嚴重的誤解。弗蘭可所說的常是六〇年代的「佛洛伊德派說法」，而不完全是佛洛伊德本人的學說。）原注

對奧地利、西德、瑞士學生所作的臨時調查，得出統計數字是有40%在他們的親身體驗中知道了存在空虛這回事。然而，來聽我用英語講課的美國學生當中，就不只是40%，而是有81%。[4]

存在挫折的主要顯現方式是厭膩無聊與冷漠無感，而這已經變成對於教育以及對於精神醫學的挑戰。在存在空虛的時代中，我們已經說過，教育絕不能圍限自己也不能自滿自足於傳遞傳統與知識，而毋寧要把人的能力精化，使之能夠發現一些不被衰頹中的普世價值所影響的獨特意義。這種屬於人的能力，足以發現隱藏於獨特處境中的意義者，就是良心。因此，教育必須把人的手段裝備起來，使之有以發現意義。不過，教育反而常只會加強存在的空虛。學生的空洞感與無意義感每每被教育中呈現的科學發現所強化，這些呈現方式也就是化約論的方法。學生一頭栽進填鴨式教育中，其內容都是把人機械化，再加上一套相對論的生命哲學。

採用化約論取徑來對待人，總是會把他物化，也就是說，把人視為**物**，或東西，來對待。用Ｗ・Ｉ・湯普生[5]的

4　作者使用的這個統計數字，看來就是「臨時」起意的調查，而非經過嚴謹的設計。任何人都可看出，那些來聽課的美國學生，聽過「存在空虛」一詞的頻率，一定比維也納大學的學生高得多，因此，這個統計有太多表面效度的問題。譯注

話來說：「人的存在不是像桌椅那樣的物體。他們是活著的，如果他們發現他們的生命被化約成像桌椅那般的存在，他們寧可自殺。」這話絕不誇張。我在這個國家的一所頂尖大學演講時，學務長對我的論文作了評論，他說他可以給我一長串的學生名單，顯然就是為了存在空虛而自殺，或意圖自殺的。存在空虛對他而言早已司空見慣，在他的諮商實務中幾乎每天都對他迎面而來。

我記得很清楚，當年13歲讀初中時，身陷在化約主義的教育中是什麼感覺。有一次理化課的老師說，分析到底，生命只不過是一場燃燒，一次氧化過程，我聽了就跳起來問道：「符立茲老師，如果真是這樣，那生命還有什麼意義？」說真的，以他的例子而言，你用不著說這是在對付化約主義的樣板，還不如諷之為氧化主義（oxidationism）的一例。

在美國，有不少教育先進之士很關心學生當中明顯有冷漠無聊之感。譬如艾迪（Edward D. Eddy）和他的兩位同僚研究過20所具有代表性的美國大學，訪談過幾百位主管、教師和學生。在他的書中，他作的結論是：「在幾乎每一所大學，從加州到新英格蘭，學生的冷漠無感都在訪談中成為話

5　William Irwin Thompson, "Anthropology and the Study of Values," *Main Currents in Modern Thought* 19: 37, 1962. 原注

題。這個話題是我們和教師、學生的討論中出現得最頻繁的一個。」[6]

有一次，我和史密斯教授（Professor Huston C. Smith）晤談，題目是「教學中的價值向度」，這位哈佛的哲學教授問我是否可能教價值。我回答道：價值不是用教的，而是活出來的；意義也不能用給的，教師能給學生的不是意義而是榜樣，他自己之所以獻身於科學、真理和研究的使命何在。之後，史密斯教授請求我討論一下冷漠與無聊，但我把話鋒轉回頭來問他：我們怎能期望普通的美國學生可以發展出無聊與冷漠以外的任何東西？無聊除了是沒能力發展出興趣之外，還會是什麼？而冷漠除了是沒能力給任何事起個頭之外，又會是什麼？但學生怎麼能夠給任何事起頭，如果他被教的是說：人本身的人格只不過是個伊底、自我及超自我之間乒乒乓乓的戰場？而學生又怎麼能有興趣，怎麼能關照理想與價值，如果他被灌輸的是人只不過是一些反動形成與防衛機轉而已？化約主義只會把年輕人自然的熱情給掩埋掉和侵蝕掉罷了。美國年輕人的熱切信念與理想主義一定是消耗不掉的，否則我就不理解為什麼還有那麼多人會去參加和平

6　Edward D. Eddy, *The College Influence on Student Character*, American Council on Education, Washington, D.C., 1959. 原注

志工團（Peace Corps）以及國際志工（VISTA）。

但對於現有的存在空虛個案，我們該如何不用預防的方式，而是用心理治療的方式處理？所謂「處理」存在空虛是否一定意味著處置（treat）？那是疾病嗎？我們是否可以把佛洛伊德寫給波拿帕特公主（Princess Bonaparte）的信件內容拿來貼在這裡：「每當一個人在探索生命的價值或意義時，他就是病了」？[7]

實際上，對於存在空虛用病理現象來誤解，乃是把靈智空間投影到心理平面的結果。根據向度人類學與存有論的第二法則，這樣的程序定會導致診斷上的曖昧。存在的絕望與情緒的疾病之間的差異因此而消失。這樣就無法區辨精神上的困厄與心理上的疾病。

存在空虛不是精神官能症；或者，就算它是精神官能症，也是起因於社會關係的，甚至起因於醫療程序的精神官能症——也就是說，這精神官能症是由假裝治癒它的醫師所造成的。對於患者在面對死亡之時所關切的生命終極意義，醫師不就經常把「終極關懷」（ultimate concern）[8] 用閹割恐懼給解釋掉了？對患者來說，讓他曉得他不必擔憂生命

7　Sigmund Freud, *Briefe 1873–1939*, S. Fischer-Verlag, Frankfurt am Main, 1960. 原注

是否值得活下去的問題，而是換成他得面對尚未解決的伊底帕斯情結（Oedipal complex），意味著可使他覺得解脫。毫無疑問，這種詮釋果真能夠對存在的絕望構成合理化作用（rationalization）。（見原文 p. 96）

說到這裡，我想要引述一個案例，是一位維也納大學的教授，由我們的門診中心接案，因為他在懷疑生命有何意義。最終很快發現，他實際上患有先天性的憂鬱症，根據歐洲傳統的精神醫學，這就是體質因素的（somatogenic）疾病。但最值得注意的事情就是這位患者在嚴重的憂鬱期中，懷疑沒有困住他，只有當他在健康的週期中才會如此。在他的嚴重憂鬱期，他過度專注於慮病症中的種種病狀，以致無暇顧及生命意義的問題。我們在此碰上的這個案例，就是存在絕望與情緒疾病兩者呈現互斥的狀態。沒道理因此就把存在空虛排開，說它「只不過是」精神官能症的「另一種症狀」。

無論如何，雖然它不必然是精神官能症的一種效應，但存在空虛卻很可能是其病因。我們因此會談到心因性的以及體質性的對比之外，還有智因性的精神官能症，此乃由精神

8　「終極關懷」（ultimate concern）一詞是神學家田立克在《信仰的動力》（*Dynamics of Faith*）一書中使用的術語，取自齊克果，就是在理性的「終極」之處，只能加上不可以理性解釋的「一躍」而躍入信仰（faith）。譯注

上的難題而來，是道德或倫理上的衝突，譬如說，在只是超
自我的問題和眞正的良心問題之間的衝突——如果有必要這
樣說，就是後者和前者相互矛盾、對立。總之，說到底，但
還不是最後結論，智因的病源學是由存在空虛所形成，或是
由存在挫折、由意義意志的挫折而來。

　　由於克倫堡的貢獻，他所研發的一種心理測驗，卽「生
命目的測驗」（Purpose-in-Life[PIL]），可把智因的精神官能症
從其他常見的精神官能症當中區分出來。他和馬侯力克合作
的研究[9]先出版了其所得結果，後來再用擴增的版本投稿給
美國心理學協會（American Psychological Association）的年會。
他的全部數據來自1,151位受試者。克倫堡所得的結論曰：
「智因的精神官能症有別於普通的診斷範疇〔並且不〕等同
於任何普通診斷的症候群。〔它所代表的〕是一種新的臨床
症候，無法以任何古典的描述來獲得充分理解。現有的結果
可支持且有利於解釋弗蘭可的智因精神官能症以及存在空虛
的概念。PIL和教育水平之間的低度相關意味著：一方面，
有目的、有意義的生活並不僅限於那些擁有較多教育機會的

9　James C. Crumbaugh and Leonard T. Maholick, "An Experimental Study
　　in Existentialism: The Psychometric Approach to Frankl' s Concept of
　　Noogenic Neurosis," *Journal of Clinical Psychology* 20: 200, 1964. 原注

人，另一方面，單獨憑著教育不足以保證能獲得生命的意義。」[10]

　　併隨著這份經驗佐證，針對智因性精神官能症的統計研究也有人做過。倫敦的沃納（Werner），杜賓根的朗根（Langen）與佛爾哈（Volhard），于茲堡的普利爾（Prill），以及維也納的倪包爾（Niebauer）都同意：我們所碰見的精神官能症中，有20%在本質及病源上屬於智因的。

　　一旦存在空虛後來發展為智因的精神官能症，不說也知，會由醫療專業接手治療。在我的本國，以及許多其他國家，心理治療一定不能由醫師以外的人員執行。當然，這樣的法規也適用於意義治療法。但在另一方面，可以理解的是意義治療法中不涉及治病的工作，不論那是智因、心因或體質因的精神官能症，都可由其他的諮商專業人員來實施。沒有理由說臨床心理師、社工師、牧師、神父和拉比不應該建議和協助尋求生命意義、質疑生命意義的人。換句話說，也就是那些被存在空虛所掌控的人。有此存心的阿根廷存在意

10　James C. Crumbaugh, "The Purpose-in-Life Test as a Measure of Frankl's Noogenic Neurosis," delivered before Division 24, American Psychological Association, New York City, September 3, 1966. 較詳細的版本刊於 1968 (James C. Crumbaugh, "Cross-Validation of Purpose-in-Life Test Based on Frankl's Concepts," *Journal of Individual Psychology* 24: 74, 1968). 原注

義治療法協會成立於1954年，就分成兩個部門，一是專給精神科醫師的，另一則給不擁有醫師身分的人。

為了生命的意義而掙扎，或跟生命是否有意義的問題纏鬥，就其本身而言，並非病理現象。至於對年輕人而言，那是他們的特權，不把生命意義視為理所當然，而是敢於挑戰。但每當我們要對存在空虛提供急救時，我們該用的起頭就是上述的信念。沒必要為存在絕望而感到羞恥，因為那不但不是精神官能症的症狀，反而是人才有的成就和有待完成的工作。更重要的，那是智性最心誠意正的顯現。

只不過，如果一個年輕人坦承自己的特權、挑戰生命的意義，他就必須有耐心——足夠的耐心，等到意義前來捉引他。

在此情況下，怎樣才可能讓患者客觀地看待此事，而得以釋懷，請看以下的說明——這是取自一段和25歲年輕患者的對話錄音。曾經有好幾年，他一直承受著焦慮狀態之苦。在最後3年，他接受了精神分析的治療。然後他才到一般醫學總醫院的神經科門診部來求助，他看的醫師之中有一位是我的同事，把他轉介給我，他說的就是：生命在他看來，總是缺乏意義。他經常為重複出現的夢所苦，在其中，這種生命全然無意義的體驗都會顯現出來。在這些夢裡，他發現自己一直在人群中熱切追問如何解決他的難題，才能讓

他從這困境中解脫。他拜託他們能讓他免於生命徒然無義的焦慮。但他們只是在那兒繼續享受他們的生活，享受美食，享受陽光，或生命給了他們的不管什麼享受。

當他向我描述這種夢時，以下的對話就出現了：

弗蘭可：那就是說，他們想都不想，就在那兒享受生活？

患者：對！而我卻在懷疑生命有什麼意義時，變得跛腳了。

弗：那你有沒有嘗試幫助你自己呢？

患：有些時候聽音樂和彈奏音樂可以讓我輕鬆。總之，巴哈、莫札特和海頓的人格都具有深刻的宗教性，而我在欣賞音樂時，我欣賞的是──事實上那些創作者都秉賦著這麼好的運氣，也能達到完全的信念，就是有更深刻甚至終極的意義，在人的存在中。

弗：所以，即使你自己不相信這樣的意義，你至少相信偉大的信徒？

患：你說對了，醫師。

弗：好吧，難道這不就是各大宗教創始人的使命，用宗教和倫理來讓兩面媒合──其中一面是價值和意義，另一面就是人？人因此有機會從那些偉人的手上來接受，無論那人是摩西或耶穌，穆罕默德或佛陀──因為人不是在每件事情上都能夠自己去獲取那種意義。你看吧，在科

學領域中，我們的智能已經夠用了。然而在信仰方面，
我們有時必須信賴那些比我們偉大得多的人，並且領受
他們的見解。在追求存在的終極意義時，人基本上依靠
的資源是情感而不是智能，就我們所知是這樣；換句話
說，他必須信任存在是有終極意義的。還有，不論如
何，這種信任必須是以信任**某個人**作為媒介，就像我們
現在所見的這樣。但現在，我要問你一個問題：假若音
樂會深深地觸動你的存有，到能夠讓你流淚，在某些時
刻一定會這樣的，不是嗎？——而你在那時，仍然懷疑
你的生命意義，或者在那時你甚至不問這問題？

患：這種問題，在那時候根本不在我心裡。

弗：是的。但，是不是可想而知，就在那時刻，你已經親身
碰觸到終極的美境，你也已經發現了生命的意義，用情
感來發現而不必去做知識的追求？在這時刻，我們不會
自問生命是否有意義；但如果我們就這樣問了，我們簡
直只能打從心底深處喊出一聲勝利的「是！」來回答存
有。我們會有感，說生命是值得的，即便只是要為這種
獨特的體驗而活著。

患：我瞭解也同意；我的生命中一定有些時刻是什麼都不必
想的，就那時，意義自然在。我甚至體驗過一種和存有
融會之感，你也可以說，那就很接近與神的密契，就像

偉大的神祕主義者所說的那樣。

弗：無論如何，人家可以說你當時的感覺是接近於真理，我們當然也可以很合理地假定真理即是神性的一個面向，只要看看我的頭上：在我的座位後方牆壁上，有一塊哈佛大學的匾額，上頭鑴刻的眞言，你可以讀到 Veritas，意思就是眞理；但你會注意到，這個字斷成三音節，分散在三本書裡，而我們很可以把這詮釋爲：整體的眞理本非普世的眞理，因爲不是人人都可企及。人寧可滿足於抓住眞理的片面。說了這麼多，眞神也是如此，反過來說，眞理不多於神的一個片面。

患：不過，這樣說能把我引發的，還是那個問題：當我覺得整個人都籠罩在空洞、虛無的體驗中，沒有任何價值和意義，甚至連藝術的美跟科學的眞都跟我疏離了，那我該怎麼辦？

弗：好吧，我會說，你不該只黏著那些發現意義的偉大聖人，也該看看那些尋求意義而不得的人。你應該讀讀那些哲學家的作品，譬如法國存在主義者沙特以及剛過世的卡繆，他們看來也跟你一樣受盡懷疑之苦，但他們因此而將懷疑化成哲學，雖然都有虛無主義的調調。你會，好比說，把你的難題抬高到學術水平，然後在你自己跟它之間設下距離。你的那些苦惱現在用這種眼光來

看：像是某一兩位作者書中的某一頁的某一兩段話。你
會認出為這種難題而受苦，是人皆有之，或更是誠實，
是某種達成的成就，而不是什麼精神官能症的症狀。反
正，你會發現那不是什麼該羞恥的東西，反而是值得驕
傲的事情，也就是知識的誠實。與其用症狀的語言來詮
釋你的難題，不如學會把它理解為人類處境（*la condition
humaine*）的某種主要面向，你剛才所作的告白正是在說
這個。你會把自己看作一個隱形社群中的一分子，由受
苦的人所構成的社群，受的苦是人類存在當中根本且深
不可測的無意義感體驗，而在同時，也掙扎著為這個屬
於人類的古老難題尋求解決之道。事實上，同樣的苦難
與同樣的掙扎把你們連結為一體，給人性提供最好的榜
樣。所以，請試試看能不能有耐心、有勇氣：耐心可以
把未解的難題暫時放在一邊，而勇氣就是掙扎而不甘
休，非要找到最終的解決不可。

患：所以，醫師，你不認為我的情況只是要克服一場精神官
能症？

弗：就算是精神官能症也罷，我敢說那只是我們時代的集體
精神官能症，那也只有在集體層次上才能治癒。這樣看
來，你所受的苦代表了正在折磨整個人類的那種，至少
是屬於最敏感且最開放心胸的代表人；你正在一肩扛著

他們的苦難！

患：但我並不在意受苦，只是該受得有意義。

弗：你對意義的追求，以及質疑生命的意義，這兩者都非病態。寧可說這是屬於青年的特權。真正的年輕人不會把生命的意義視爲理所當然，而是敢於去挑戰。我想說的是：你不必爲你的絕望而絕望。你反而該把這種絕望看作存在的證據，證明其中有「意義的意志」。就某種意思來說，正是你的意義意志讓你對意義的信仰有了道理。或者，正如奧地利的小說名家威爾佛（Franz Werfel）曾經說的：「渴乃是有水存在的最確定證明。」他的意思是：人怎麼可能有渴的體驗，除非世界中真有水的存在。還有，別忘了巴斯卡（Blaise Pascal）所說的：「心自有其道理，卻爲理性所不知。」[11]

我該說你的心所信的一直就是終極的存在之理（raison d'être）本身。有些時候我們的心所具有的智慧，已證明是比腦的見識更爲深刻的。有些時候，最有道理的事情

11　此句巴斯卡的英譯文是「The heart has reasons which are unknown to reason.」。法文原文附在其後：「Le cœur a ses raisons, que la raison ne connaît point.」。不論法文的raison或英文的reason都同時具有「理由、道理、理性」的意思。中文無法如此，只好分別譯爲「道理」和「理性」。譯注

就是不要總想太有道理。

患：這也正是我自己發現的：有些時候為了要放鬆，我只需投入當下面對我的工作就行。

我在起初就提到：性事帶來的享樂也許有逃避存在挫折的功能。在那些個案中，意義的意志受挫了，於是享樂的意志不只會從意義的意志衍生出來，還會進一步取而代之。權力的意志也為類似的以及平行的目的而服務。只有當人對於意義實現的原初關懷受挫時，人才會把意志轉向享樂，或滿足於權力。

權力意志有一種形式，我稱之為金錢的意志。金錢意志可以說明大部分專業上的過度耽溺，包括耽溺於性事，都帶有避免意識到存在空虛的功能。

一旦金錢意志接手後，對意義的追求就被手段的追求所取代。金錢本身不再是手段而變成了目的。它不再為目的服務。

那麼金錢的意義是什麼，或說，擁有金錢的意義是什麼？大多數擁有金錢的人其實是被金錢擁有，滿腦子只想用錢滾錢，因此它的意義就被取消了。因為擁有金錢的意思就是他站在很有錢的地位上。人可以不在意金錢的手段，而專注於追求目的本身——那目的本來是金錢該為之服務的。

　　美國一所大學的校長給我提供9,000美元，只是去參加一場幾週的教師同仁聚會。他不瞭解我為何拒絕，就問我：「你希望要更多嗎？」我答道：「根本不是這樣。但如果我能想想，要如何投資9,000元，那我該說，只有一個值得投資的方式，那就是用來買時間工作。但我現在有的是工作時間，為什麼要用來賣9,000元？」

　　金錢本身不是目的。如果一塊錢在別人手裡可以發揮更多的意義和目的，那我就不該把這錢留在我的口袋裡。這跟利他主義無關。用利他主義來跟自我中心對立的概念已經不合時宜了。如我所言，用道德論取向來談價值，必須讓位給存有論，沿此路線而行，善惡就會依照是否促進或阻擋意義的實現來界定，不論那是屬於我或別人的意義。

　　對那些汲汲營營於賺錢的人來說，錢似乎就是目的，「時間就是金錢。」他們展現了一種對速度的需求。對他們而言，開快車本身就是目的。這其實是一種防衛機制，一種逃避與存在空虛面質[12]的企圖。他愈是不意識到目的，就愈會快到想把一路飆盡。有名的維也納諧星夸爾廷格（Qualtinger）演一個阿飛角色時，坐在摩托車上唱道：「說真的，我也不知道要去哪，反正就是會快點到。」

　　這個例子就是我所謂的離心休閒，用來和向心休閒相對。在今日，離心休閒占盡多數。逃離自我就可以避免正面

撞上自我之中的空洞。向心的休閒得以解決難題——也就是能夠開始面對它。那些過度耽溺於專業活動，然後立刻擺盪到離心休閒的人，根本沒時間完成自己的思想。他們才開始動腦筋，就會有祕書走進來要他在文件上簽名，或是有電話打進來要他馬上接聽。接下來會發生什麼事，《詩篇》中有這樣的描述：「*Vel per noctem me monet cor meum.*」就連夜裡他的心依然對他勸勉不斷。今天他會說，被壓抑的存在難題在夜裡仍會復返。是良心對他的提醒。這就是我所謂的智因的失眠（noogenic sleeplessness）的根源。蒙受此苦的人常會服用助眠劑。他們會睡著，那是真的，但他們也就淪為病態壓抑的獵物。所壓抑的不是性事的生命事實，而是存在的生命事實。[13]

我們需要新型的休閒活動，以便於沉思默想。就此目的而言，人需要能夠獨處的勇氣。

分析到底，存在的空虛乃是一場弔詭（paradox）。[14] 如

---

12 「面質」是使用法庭裡的術語，即「當面質問」的意思。因為「諮商」原來也是指律師對案主的協助工作。套用法律用語，很常見。譯注

13 「生命事實」（facts of life）也許不算是哲學術語，但對於存在主義作家而言，此詞適用於扣連哲學與日常語言，作者在此的用意即是如此。此句所說的兩種「生命事實」必須都叫做「生命事實」，然後才可看出其間的對比。譯注

果我們只是拓寬我們的視野，我們可注意到我們享有自由，但卻沒完全意識到我們的責任。倘若有所意識的話，我們應能發現有很多意義等待著我們去加以充實，包括對於弱勢的族群，或對於低度開發的國家。

誠然，我們得開始擴大我們對於人的概念中的獨一無二特性。目前陷入險境的不只是人的獨特性，甚至廣及全人類的獨特性。

幾千年前，人類發展出一神論（monotheism）。今天必須走上另一步，我稱之為人類一體論（monoanthropism）。不是信仰唯一的神，而毋寧是意識到只有一種人類，意識到人性的統一；在此觀點下，膚色的差異必然消褪於無形。[15]

14　作者在上文已提及「弔詭意向技法」，在此特別凸出「弔詭」的概念。中文的「弔詭」一詞出自《莊子‧齊物論》，用來翻譯「paradox」恰如其所。譯注

15　我完全不反對歧視。誠然，我贊成的不是種族歧視，而是更基進的差異觀點。也就是說，我贊成的是在判斷每一個體時必須立基於該人所代表的獨特「人種」。換言之，我贊成的是個人差異觀點而非種族歧視。（譯按：由於中文的「歧視」一詞已經含有不可逆的貶義，因此談到作者所贊成的那種「歧視」時，必須另譯為「差異觀點」。又按：所謂「人種」一詞，在聯合國的呼籲下，已經成為一個廢詞，蓋因人類本來只是一個物種，其中沒有人種區別，有的只是族群文化差異。）原注

CHAPTER

5

意義治療的技法
Logotherapeutic Techniques

在面對智因的精神官能症時，意義治療法乃是一種特別的治療法。換言之，一位患者身陷於存在絕望中，顯然是遭受著生命無意義之苦，他們所需要的正是意義治療法，而非一般的心理治療。不過，這在心因性的精神官能症來說，就不確實了。意義治療法在此不必和心理治療對立，而只當代表心理治療的諸學派之一。

我們現在來談談意義治療法如何能運用在心因性的病例，雖然對於其臨床運用要作充分的介紹也須以個案資料為依據，並且還得設定是在醫院環境中。但若與訓練中所作的個案報告與討論相較，則連訓練分析都會變得相對不重要。

意義治療法的臨床運用實際上該遵循的是其人類學的涵意。意義治療技法有所謂的「反反思」（dereflection）以及「弔

詭意向」，兩者都有賴於人類存在的兩種基本性質，那就是人的自我超越，以及自我抽離的能力。[1]

在論及意義治療法的動機理論時，我指出：對於享樂以直接意向尋求之，結果都會自敗。人愈是瞄準享樂就愈會瞄不準。在意義治療法中，我們談的是在此語境中的過度意向（hyperintention）。與此病態現象伴隨出現的，可觀察到另一個現象，在意義治療法中稱之爲過度反思（hyperreflection）。過度反思的意思是過多的注意。

還有一個現象可以合理地稱爲大量的過度反思（mass hyperreflection）。此現象特別可在美國文化裡觀察到，在其中的很多人有意地經常觀察自己，分析自己，看看是否有所謂隱藏的動機在他們的行爲背後，以便能用無意識的心理動力學來詮釋那藏在底下的究竟是什麼。喬治亞大學的懷司柯普—周森（Edith Weisskopf-Joelson）教授發現，美國學生把自我詮釋視爲最高價值，其次則是自我實現——在統計上顯著高於其他。在這種氛圍中成長的人經常籠罩於一種宿命論的預期中，認爲他們的過去造成殘障效應，於是他們實際上就變成跛腳了。我的一位讀者曾寫信向我告白說：「我受到的

1　Viktor E. Frankl, "Logotherapy and Existential Analysis——A Review," *American Journal of Psychotherapy* 20: 252, 1966. 原注

折磨，多半來自於我想我應該有什麼情結的想法，多過於我實際上有什麼情結。說真的，我不願把這體驗拿來和別人交換，並且不相信這樣做會有多好的結果。」

自發與活動如果變成過多注意的標靶，就會受到阻礙。試想想百足蟲，像寓言故事裡所說的，牠的敵人問牠動腳要用什麼順序。這隻百足蟲注意到這問題時，牠就根本動不了腳了。後來據說牠是餓死的。我們是不是該說牠死於致命的過度反思？

在意義治療法中，過度反思就要以反反思來對治。這種技法可應用的病型之一，就是性事的精神官能症，不論是性冷感或性無能。在性事上的表現或體驗每每被壓制成注意的對象或意欲的物件。[2] 就性無能的案例來說，患者的性交要上場時，經常是在一聲令下。我曾經在別處詳述性無能這方面的病因學。[3] 意義治療就此發展出一種技法，讓患者把性交跟指令的連結得以解除。[4] 意義治療法對於性事的精神官

2 Viktor E. Frankl, *Man' s Search for Meaning,* chapter "Logotherapy in a Nutshell." 原注

3 Viktor E. Frankl, *The Doctor and the Soul: From Psychotherapy to Logother-apy,* Chapter 4, "On the Meaning of Love." 原注

4 我曾在倫敦的心理治療國際會議論壇前的開場講稿中討論這種技法，參見：Viktor E. Frankl, "Logotherapy and Existential Analysis──A Re-view," *American Journal of Psychotherapy* 20: 252, 1966. 原注

能症，不管一個人是否接受其理論，都可應用。在維也納的
門診中心神經科，我曾經開設一間專給性事精神官能症的門
診，託付給一位主治醫師，他雖然是嚴格的佛洛伊德學派，
但在那個既定環境中，指定只能做短期療程，他就用了意義
治療法而不用精神分析療法。

　　反反思法雖屬意義治療法對於性事精神官能症處遇
的一部分，但弔詭意向法卻可借用於頑念強迫症（obsessive-
compulsive）[5] 以及恐懼症患者的短期治療上。[6]

　　弔詭意向的意思是：患者受鼓勵去做的，或期望讓
它發生的，正是他所害怕的那件事情。爲了能夠瞭解這種
技法的療效，我們必須先推敲一下所謂「預期性的焦慮」
（anticipatory anxiety）現象。這是指患者對某件事情的反應是

5　頑念強迫症是由念頭（觀念）上的「頑念」和行爲上的「強迫」共同組成。
　　很難想像強迫行爲不伴隨頑念而發生，但頑念卻可能只是重複發生的念
　　頭而不必然有伴隨的行爲。這就是爲何要用兩詞合併來形成一個病名，
　　因爲兩者還是有分別。譯注

6　用德文描述弔詭意向是早在 1939 年的論文中（"Zur medikamentösen Unter-
　　stützung der Psychotherapie bei Neurosen," *Schweizer Archiv für Neurologie und Psychi-
　　atrie* 43: 26–31）；英文則是描述於我 1955 年出版的那本書，*The Doctor and
　　the Soul: An Introduction to Logotherapy*（Alfred A. Knopf, New York），然後
　　又在一篇文章中加以詳述（"Paradoxical Intention: A Logotherapeutic Technique,"
　　American Journal of Psychotherapy 14: 520, 1960），此文後來重刊於我的另一本
　　書（*Psychotherapy and Existentialism: Selected Papers on Logotherapy*）。原注

恐懼地預期它又會發生。不過，恐懼傾向於讓所怕之事成
真，而預期性的焦慮也正是如此。就這樣，一套惡性循環就
形成了。一個症狀招引出恐懼，而恐懼又激發了症狀。症狀
的重複出現就會使恐懼增強。患者正在作繭自縛，也由此建
立了一套回饋機制。

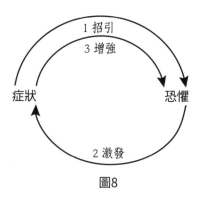

圖8

　　我們要如何斬斷這個惡性循環呢？通常的作法是使用藥
物治療，或用心理治療，乃至將兩者合併使用。後者在病情
嚴重時有其必要。[7]
　　藥物治療對於廣場恐懼症的症狀，是開始治療的最佳

7　　正如我在我的書中論及弔詭意向那章的末尾處所描述的（參見 *The Doc-
　　tor and the Soul*）。原注

方式，其中潛藏的因素是甲狀腺亢奮；[8] 或者用來治療幽閉
恐懼症，其病因可追溯到潛在的僵直症。[9] 不過，我們真該
念茲在茲的是：在這類案例中涉及的有機體因素所能給我們
的提示，只不過是有焦慮的傾向，而除非有預期性焦慮的機
制開始起作用，否則不會發展出完全成形的焦慮性精神官能
症。因此，如果想把惡性循環絞斷，你就得從精神性的一極
與器質性的一極兩面開弓，而前者正是藉由弔詭意向所完
成的。

　　那麼，應用弔詭意向時，究竟發生了什麼事？鼓勵患者
去做的，或期望要讓它發生的，正是他最害怕的那件事情，
這就會產生意向的逆轉（an inversion of intention）。致病的恐懼
被弔詭的想望所取代。[10] 總之，以同樣的道理來說，預期性

8　Viktor E. Frankl, "Psychische Symptome und neurotische Reaktionen bei
　　Hyperthyreose," *Medizinische Klinik* 51: 1139, 1956. 原注

9　這些病情的生理因素在我自己作的研究中獲得證實（在維也納門診中
　　心，我的部門）。順便一提：在歐陸，首度在此使用鎮靜劑者，就是
　　早在 1952 年由我發展出來的（Viktor E. Frankl, "Zur Behandlung der Angst,"
　　Wiener medizinische Wochenschrift 102: 535, 1952），甚至借來作為幽閉恐懼
　　症的特殊藥物治療（Viktor E. Frankl, "Über somatogene Pseudoneurosen," *Wiener
　　Klinische Wochenschrift* 68: 280, 1956）。原注

10　意向的逆轉，之所以稱為「弔詭意向」，就在於跟「趨樂避苦」的尋常意
　　向反其道而行，難以思議。譯注

焦慮的風勢已經沒有強打在船帆上。

我已談過意向的逆轉。那麼，在恐懼者身上的意向又是如何？他的意向就是要避免會引發焦慮的處境。就意義治療法而言，我們說這是在逃避恐懼。我們可以在那些案例中觀察到，譬如說，恐懼的標靶就是焦慮本身——在那些案例中，患者的說法是自己在「懼怕恐懼」。他真的害怕恐懼的潛在效應，可能是暈厥、心臟病發作，或中風。

根據意義治療法的學說，逃避恐懼是一種致病的型態。[11] 講得更明確點，就是恐懼症的型態。**但藉由直接面對開始恐懼的處境，可防範恐懼症的發展。**為了闡明這一點，我要重述我自己的一段體驗。有一次在攀岩的時候，是個霧濛濛的雨天，我看見有一位攀岩的伙伴掉下去了。雖然他被人發現在下方大約600米處，卻得以倖存。兩週後，我沿著同樣的小徑爬上那座山的陡坡。剛好那天也一樣雨霧紛紛。只不過，雖然我受過這種精神上的打擊，我卻能重新定義這個處境，就這樣，我克服了精神上的創傷。

跟逃避恐懼並肩同行的，還有兩種其他的致病型態，那就是，為享樂而奮鬥，以及對抗頑念強迫症。為享樂而奮鬥

11　Viktor E. Frankl, "Angst und Zwang. Zur Kenntnis pathogener Reaktions-muster," *Acta Psychotherapeutica* 1: 111, 1953. 原注

跟享樂的意向亢奮是同一回事，亦卽，那是潛伏在性事精神官能症底下的主要因素之一。至於對抗頑念強迫症則是頑念強迫症底下的病因型態。頑念強迫精神官能症所受的毒害乃是一種念頭，把自己想成可能自殺，或殺人，或這些籠罩滿腦子的怪異念頭可能正是內在的徵候，卽尙未冒出來的精神病。換言之，他們所怕的乃是怪異念頭的潛在效應或形成這些念頭的潛在病因。逃避恐懼當中的恐懼症型態平行於頑念強迫症型態。頑念強迫精神官能症患者也會表現出恐懼。但他們不是「懼怕恐懼」，而母寧是害怕他們自己，他們的反應就是要對抗頑念和強迫症。但是患者愈是對抗，他們的症狀也會益發嚴重。換言之，在恐懼症中由預期性焦慮所形成的循環，還伴隨了另一套回饋機制，我們常在頑念強迫精神官能症當中碰到。壓力導致了反壓力，而反壓力又回頭來增強壓力。如果你能成功地讓患者停止他和頑念與強迫行爲之間的抗戰（而這是很可能由弔詭意向來完成的），這些症狀很快就會降低，最後完全萎縮不見。

　　討論過理論之後，我們來看看弔詭意向如何實行。我們要拿出一份個案報告來。用的是喬治亞大學心理系的懷司柯普─周森，[12] 她的說法如下：

　　「我使用了『弔詭意向』在我的許多患者身上，包括我自己，而我發現非常有效。譬如說，一個大學生的訴怨是爲

了即將來到的口頭報告感到焦慮——就在星期五。我給他建議，在週曆上接近約定報告那天之前的每一天，都用斗大的字母寫上『ANXIETY』（焦慮）。就像這樣——我要他作個焦慮週的計畫。之後他就覺得輕鬆多了，因爲他只要承受焦慮之苦，而不需加上對焦慮感到焦慮。」

另一個關於弔詭意向的例子如下：

患者拒絕離開他住的房子，因爲每次離開都會產生恐懼症發作，害怕自己會在街上倒下來。他每次離開房子，只走幾步就退回來。他逃離了他的恐懼。後來到了門診中心，我的部門接案了。我的同事給他作了很仔細的檢查，確定他的心臟沒問題。其中一位醫師把檢查結果告訴他，然後勸他到街上去，試試看能不能讓心臟病發作。醫師是這麼跟他說的：「告訴你自己，昨天你有兩次心臟病發作，而今天你有時間發作三次——現在還只是早上嘛。告訴你自己，你會有個很不錯的、很肥大的冠狀動脈，而且還會中風。」這位患者有生以來第一次從他自己打造的繭中破繭而出。

有證據顯示弔詭意向甚至對慢性疾病患者也用得著。[13]

12　Edith Weisskopf-Joelson, "The Present Crisis in Psychotherapy," *The Journal of Psychology 69*: 107–115, 1968. 原注

譬如說，在《德文心理治療百科全書》（*German Encyclopaedia of Psychotherapy*）[14] 中，有一則個案，研究的是一位 65 高齡的婦女，她的洗手強迫症折磨了她 60 年。我的同事中有一位成員對此案例很成功地運用了弔詭意向的技法。

在《美國心理治療期刊》（*American Journal of Psychotherapy*）上，西雅圖華盛頓大學精神醫學系的維克多與克魯格（Ralph G. Victor and Carolyn M. Krug）[15] 兩位發表了一篇個案研究報告，很冒險地將弔詭意向技法運用於強迫賭博症。患者 36 歲，從 14 歲開始賭博。他在接受每天指定 3 小時的賭博特別訓練之後提出觀察道：他「有很深刻的感覺，在經歷過 20 年以及 5 位精神科醫師之後，這是第一次有人用了**有創意的方法**來對付這個難題。」這位患者輸了，在 3 週內輸到一毛

13　H. O. Gerz, "The Treatment of the Phobic and the Obsessive-Compulsive Patient Using Paradoxical Intention Sec. Viktor E. Frankl," *Journal of Neuropsychiatry* 3: 375, 1962. 原注

14　K. Kocourek, E. Niebauer, and P. Polak, "Ergebnisse der klinischen Anwendung der Logotherapie," in *Handbuch der Neurosenlehre und Psychotherapie*, edited by V. E. Frankl, V. E. von Gebsattel, and J. H. Schultz, Urban & Schwarzenberg, Munich-Berlin, 1959, Vol. 3, p. 752. 原注

15　Ralph G. Victor and Carolyn M. Krug, "Paradoxical Intention in the Treatment of Compulsive Gambling," *American Journal of Psychotherapy* 21: 808, 1967. 原注

不剩。但「治療師建議他可以用手錶來押寶」。事實上,「遵循這套使用弔詭意向的療法之後,患者在他自己20多年的症狀刑期中首度獲得緩刑。」

勒漢勃(J. Lehembre)曾在荷蘭的奈梅根以及烏特勒支大學,分別在精神科與小兒科裡將弔詭意向試用於兒童身上。他在大多數案例上都很成功。在他的報告中指出,[16] 只觀察到一名個案由此發展出替代症狀。

在俄羅斯,根據史瓦都斯齊(A. M. Swjadostsch)教授所言,弔詭意向在他的「醫院中用來治療恐懼症與預期性焦慮的精神官能症,結果都很成功」(私人通訊)。

雅思培的名言:「在哲學中,新言會對抗眞言」,此說在心理治療中也成立。即便是不情願與不自覺,弔詭意向也依然存在。不情願的使用者有一例,是由德國麥茵茲大學的精神醫學系主任描述給我聽的。當他在讀初中時,他們班要演一齣戲。其中有個角色是口吃者,於是這角色就交給眞正口吃的學生來演。不過,很快地,他必須放棄這個角色,因爲當他站上舞台,他根本沒辦法口吃,只好換別人演。

至於不自覺的使用,弔詭意向有一例如下:

16　J. Lehembre, "L'intention paradoxale, procédé de psychothérapie," *Acta Neurologica et Psychiatrica Belgica* 64: 725, 1964. 原注

　　我有個美國學生，得參加我的考試，考試內容就是來向我解釋何謂弔詭意向，他利用自傳角度的說明，這樣寫道：「我的胃常會在別人面前發出咕嚕聲。我愈是不要它響，它就愈是咕嚕得厲害。不久我就把它當作理所當然，讓它一輩子跟在我身上。我開始跟它共存──還跟別人一起嘲笑自己。很快它就消失了。」

　　在這個語境中，我該強調一件事實，就是這名學生採取了幽默的態度來對付症狀。事實上，弔詭意向就是應該一直要儘可能用幽默的方式來表達。幽默確實是屬人的現象。[17]畢竟，沒有一種獸類有能力發笑。更重要的是，幽默能讓人創造觀點，在自己和所面對的任何事情之間鋪設距離。同樣的道理，幽默允許人抽離自身，因此而能臻至完全掌控自己的可能。能利用自我抽離這種屬人的本事，就是弔詭意向基本上要達成的。記住這點，則勞倫茲（Konrad Lorenz）[18]在他

17　談到幽默，我有道理用個笑話來定義弔詭意向：有個男孩因為遲到，就跟老師說了一個藉口──街上結冰實在太滑了，他每向前走一步就會向後滑兩步。說到這裡，老師反駁道：「現在我逮到你說謊了──如果你說的是真的，那你就永遠沒辦法走到學校來。」此時學生很沉著地回答道：「怎不？我只是掉頭往家裡走呀！」這難道不是弔詭意向？這個男孩是不是成功地逆轉了他本來的意向？原注

最新出版的書上所主張的「我們還沒夠認真地運用幽默」看起來就不再像是真話了。

對於幽默這個主題，我在哈佛宣讀一篇論文之後，奧波特提出一個重要的問題。他的問題是說：內在於弔詭意向技法中有健全的幽默感，這是否可普遍地用在所有患者身上？我就回答道：原則上每一個人類，正由於他秉具的人性，使他能從他自身中抽離，並能夠嘲笑自己。但在人能夠發動自我抽離和健全幽默感的程度上，當然有某種量的差異。就低程度來說，有一個例子如下：

我的部門裡曾來過這麼一個人，他是博物館的警衛，覺得自己沒法待在這個職位上，因為他正承受著要命的恐懼，怕有人會偷走名畫。在我跟同僚合作的一回合治療之後，我試圖對他使用弔詭意向：「告訴你自己，他們昨天偷了一幅林布蘭，而今天會來偷林布蘭加上梵谷。」他就瞪著眼對我說：「但是，教授先生，那是違法的呀！」這個人心智疲弱到難以理解弔詭意向的意義。

18　Konrad Lorenz, *On Aggression*, Bantam Books, New York, 1967, p. 284. 原注

以此而言，弔詭意向，或就意義治療法來說，都不例外。原則上，心理治療（即所有的心理治療法）並非用在每一位患者身上都能達到同樣程度的成效。此外，也不是每一位醫師都有能力以同樣純熟的技巧掌握每一種心理治療法。選擇的方法，在既定條件下，就像一條方程式裡有兩個未知項：

$$\Psi = x + y$$

第一個未知項代表患者的獨特人格。第二個未知項代表醫師的獨特人格。兩者在方法選定之前都必須放入考量。對於其他心理治療方法為真的條件，對於意義治療法亦然。

意義治療法本非萬靈丹，就此而言，任何心理治療法也都不是萬靈丹。有一位精神分析師談到他的那種治療法：「這種技法已證明是唯一適用於本人個性的方法；我不至於否認，和我性格相當不同的醫師可能會覺得有必要採取不同的態度來對待他的患者，以及在他跟前的工作。」作了此一告白的人，就是佛洛伊德。

既然意義治療法不是萬靈丹，那就不能反對它結合其他方法來使用，就像這些精神科醫師給我們的提示：列德曼（Ledermann, 結合催眠療法），[19] 巴濟（Bazzi, 結合取自舒

爾茲〔Schultz〕的鬆弛訓練），[20] 柯維浩格（Kvilhaug, 結合
行為治療法），[21] 佛爾布席（Vorbusch）[22] 與葛茲（Gerz, 結合
藥物治療）[23]。

　　從另一方面來看，由弔詭意向所獲得的顯著結果不能
只以暗示來解釋。實際上，我們的患者在開始用弔詭意
向時往往深信這是行不通的，然而最終還是成功了。換言
之，他們的成功非但不是由於暗示，反而是不顧暗示的結
果。班倪迪克（Benedikt）[24] 讓他的患者們作一套組合測驗

19　F. K. Ledermann, "Clinical Applications of Existential Psychotherapy,"
　　Journal of Existential Psychiatry 3: 45, 1962. 原注

20　T. Bazzi, Paper read before the International Congress of Psychotherapy,
　　Barcelona, 1958. 原注

21　B. Kvilhaug, "Klinische Erfahrungen mit der logotherapeutischen Technik
　　der paradoxen Intention beziehungsweise deren Kombination mit anderen
　　Behandlungsmethoden (Bericht über 40 Fälle)," Paper read before the Austri-
　　an Medical Society of Psychotherapy, Vienna, July 18, 1963. 原注

22　H. J. Vorbusch, "Die Behandlung schwerer Schlafstörungen mit der para-
　　doxen Intention," Paper read before the Austrian Medical Society of Psy-
　　chotherapy, Vienna, June 1, 1965. 原注

23　H. O. Gerz, "Experience with the Logotherapeutic Technique of Para-
　　doxical Intention in the Treatment of Phobic and Obsessive-Compulsive
　　Patients," Paper read before the Symposium on Logotherapy at the Sixth
　　International Congress of Psychotherapy, London, 1964. *American Journal
　　of Psychiatry* 123: 548, 1966. 原注

以便評估他們接受暗示的程度。這些患者證明了他們對暗示的感受性低於平均值，但弔詭意向在他們的案例上都很成功。

　　葛茲，[25] [26]列卜澤屯（Lebtzeltern）與特維迪（Tweedie）[27] [28]等人已經證明弔詭意向不可與說服術相混淆。不過，我認為在某些案例上，無法不用說服術來啟動弔詭意向。這尤其在對付一種頑念（用髒話詛咒，或表現褻瀆的言行）時更是如此，在進行這種治療時，意義治療法還設計出一種特別的技

24　Fritz Benedikt, "Zur Therapie angst-und zwangsneurotischer Symptome mit Hilfe der 'Paradoxen Intention' und 'Dereflexion' nach V. E. Frankl," *Dissertation*, University of Munich Medical School, 1966. 原注

25　H. O. Gerz, "The Treatment of the Phobic and the Obsessive-Compulsive Patient Using Paradoxical Intention Sec. Viktor E. Frankl," *Journal of Neuropsychiatry* 3: 375, 1962. 原注

26　H. O. Gerz, "Experience with the Logotherapeutic Technique of Paradoxical Intention in the Treatment of Phobic and Obsessive-Compulsive Patients," Paper read before the Symposium on Logotherapy at the Sixth International Congress of Psychotherapy, London, 1964. *American Journal of Psychiatry* 123: 548, 1966. 原注

27　D. F. Tweedie, *Logotherapy and the Christian Faith: An Evaluation of Frankl's Existential Approach to Psychotherapy*, Baker Book House, Grand Rapids, Michigan, 1961. 原注

28　D. F. Tweedie, *The Christian and the Couch: An Introduction to Christian Logotherapy*, Baker Book House, Grand Rapids, Michigan, 1963. 原注

法來。[29]

　　大多數實施弔詭意向並發表文章的作者們都同意，那是屬於一種短期療法。不過，[30] 前任《美國心理治療期刊》的總編古泰爾（Emil A. Gutheil）寫道：「（假定）療效長短與療程長短有相應的關係，此乃佛洛伊德正統派的錯覺（之一）。」正如德國心理治療界的元老舒爾茲 [31] 也寫道：「症狀的移除必帶來一個替代的症狀，這是個完全沒根據的宣稱。」懷司柯普─周森是一位精神分析師，[32][33] 她在論及意義治療法的文章中也表達了同樣的觀點：「精神分析取向的治療師也許會辯道：運用像是意義治療法的這類方法，真正的改善不可能達成，因為病理上『更深的』層次未被觸及，而治療師的畫地自限只會強化或豎立起患者的防衛機制。作出這樣的結

29　Viktor E. Frankl, *The Doctor and the Soul: From Psychotherapy to Logotherapy*; 參見其中論弔詭意向的那章。原注

30　E. A. Gutheil, "Proceedings of the Association for the Advancement of Psychotherapy," *American Journal of Psychotherapy* 10: 134, 1956. 原注

31　J. H. Schultz, "Analytische und organismische Psychotherapie," *Acta Psychotherapeutica* 1: 33, 1953. 原注

32　Edith Weisskopf-Joelson, "Some Comments on a Viennese School of Psychiatry," *Journal of Abnormal and Social Psychology* 51: 701, 1955. 原注

33　Edith Weisskopf-Joelson, "Logotherapy and Existential Analysis," *Acta Psychotherapeutica* 17: 554, 1963. 原注

論難免會有危險。此說會讓我們意識不到心理健康的主要資
源，只因為這些資源不能納入特定的理論架構。別忘了這
些概念如「防衛機制」、「更深的層次」，以及「在表面層次
上充分發揮的功能底下還有隱藏的病理學」等等都是理論概
念，而非經驗觀察所得。相對來說，在弔詭意向中所得的結
果確實有可定性為經驗觀察的價值。

　　另一位精神分析師，伊普西藍堤州立醫院（Yipsilanti State
Hospital）的勾婁偉（Glenn G. Golloway），他認為弔詭意向並未
解決「潛藏在底下的衝突」。但他說，這「並不減低弔詭意
向是一種成功的技法。對外科手術而言，沒治好有病的膽囊
而是把它切除，這並不是在羞辱手術。患者是有好轉的。」

　　「那麼，弔詭意向到底是作了什麼，」就是哈佛醫學院
精神醫學系的黑文斯（Leston L. Havens）[34] 所自問的問題，而
他的回答是要「用慣熟的語言來說」，亦即用心理動力學語
言：「醫師告知患者要釋放受到禁制的衝動；患者得到的是
一種允准。更精確地說，他的抑制被解消⋯⋯當然弗蘭可所
建議的正是落在舊式的『超自我修正』（superego modification）
詞義之內⋯⋯醫師介入的方式是供給了一套更寬容的良心。

34　Leston L. Havens, "Paradoxical Intention," *Psychiatry & Social Science Review* 2: 2, 1968, pp. 16–19. 原注

受影響的乃是患者的種種標準與理想。對於缺乏理想的患者而言，弗蘭可協助他們找出新理想來。對受苦於懲罰性理想而致渾身症狀的患者而言，弗蘭可就嘗試予以修正。」

緣此之故，許多精神分析師都成功運用了弔詭意向技法。這塊領域的有些實作者試圖以心理動力學語言來解釋其成功。[35]另外一些人，譬如穆勒—黑格曼（D. Müller-Hegemann）[36]把弔詭意向解釋爲「神經生理學的取向」。他寫道：「在過去幾年內，以受恐懼症之苦的患者來觀察，已看到有利的結果，因此認爲弔詭意向確有其功績。」再說一遍，這裡值得注意的是，即便是那些遵從的理論不同於意義治療法的醫師們，也都會把弔詭意向列入他們的醫療資源中。

治療者作了各種嘗試，企圖釐清意義治療法的適應症。譬如康乃狄克山谷醫院的臨床主任，葛茲，覺得弔詭意向對於恐懼症和頑念強迫症來說，確是一種特定而有效的治療

---

35 Viktor E. Frankl, *Psychotherapy and Existentialism: Selected Papers on Logotherapy*; H. O. Gerz, "The Treatment of the Phobic and the Obsessive-Compulsive Patient Using Paradoxical Intention Sec. Viktor E. Frankl," *Journal of Neuropsychiatry* 3: 375, 1962. 原注

36 是東德萊比錫的卡爾·馬克思神經精神科診所主任，參見他的文章："Methodological Approaches in Psychotherapy," *American Journal of Psychotherapy* 17: 554. 1963. 原注

法。它「可用於急性發作的短期治療中」。[37]

就統計數據而言，葛茲的報告是：「在所有的患者中，有88.2%達到相當程度的改善。這些個案大多患病長達24年……其中患病好幾年的，需要用兩週一次的12個月療程才能康復。大多數急性發作的，亦即患病幾週或幾個月的患者，約在4次到12次的療程以內會對弔詭意向有反應。」[38]

葛茲醫師還補充道：「……很可以理解的是，有過多年精神分析訓練的精神科醫師可能連試都不試一下就以偏見拒絕了弔詭意向技法。」[39] 此外，無疑地，對於弔詭意向，乃至對意義治療法的抗拒，泰半來自情緒性的基礎，譬如對於黨派的忠誠。但所有的黨徒都應存之在心的是佛洛伊德本人的勸勉：「對於天才的偉大表達敬佩固然重要，但對於事實的敬佩更當遠甚於此。」[40]

37　H. O. Gerz, "Experience with the Logotherapeutic Technique of Para-doxical Intention in the Treatment of Phobic and Obsessive-Compulsive Patients," Paper read before the Symposium on Logotherapy at the Sixth International Congress of Psychotherapy, London, 1964. *American Journal of Psychiatry* 123: 548, 1966. 原注

38　H. O. Gerz, "The Treatment of the Phobic and the Obsessive-Compulsive Patient Using Paradoxical Intention Sec. Viktor E. Frankl," *Journal of Neuropsychiatry* 3: 375, 1962. 原注

39　同上。原注

　　要確定意義治療法與弔詭意向的各種適應症固然重要，但更重要的是要確定它的禁忌症（contraindications）。弔詭意向最嚴格的禁忌症出現在重度憂鬱症之中。對於此類患者，意義治療法備有特殊的技法，其導引原則乃是減低患者所苦的罪疚感，因為他有自責的傾向。[41] 用存在精神醫學來把這種自責詮釋為患者實際上有罪疚感，說他是因「存在罪疚」而導致憂鬱症，這是個誤解，等於倒果為因。更有甚者，這樣的詮釋會增強患者的罪疚感而可能使他自殺。意義治療法正巧在此發展出一種特殊的測驗，來評估特定個案的自殺風險。[42]

　　對於思覺失調症患者而言，意義治療法完全不提供病因治療。不過，作為心理治療的附加手法，意義治療法建議把反反思技法用在此類患者身上（見下一章〔原文96頁〕）。[43] 在《當代心理治療實踐》這本參考書中有一篇載有錄音謄稿，展示了如何對思覺失調症患者使用反反思技法。

40　Sigmund Freud, "Book Review," *Wiener medizinische Wochenschrift,* 1889. 原注

41　Viktor E. Frankl, *The Doctor and the Soul: From Psychotherapy to Logotherapy*; see the chapter on logotherapy in psychoses. 原注

42　同上。原注

43　同上。原注

伯屯（Burton）[44]最近說：「近50年來的心理治療已經把
患者的深層生命史變成一種戀物癖。佛洛伊德對於所謂的持
續性歇斯底里症者所作的治療，達成驚人的療效，也讓我們
在每一位患者身上尋找類似的創傷體驗，並且把其中的洞識
物化成一定的療法，而這正是我們直到現在才剛從這種體驗
中復原的。」但就算有個假定說精神官能症，甚至精神病，
都肇因於心理動力學假設所認定的原因，意義治療法仍然會
被指認爲非病因療法。[45]只要患者身上有了存在空虛，則所
有的症狀都會奔竄進來。這就是爲何「意義治療的會遇」，
就如克倫堡[46]所言：「在大多數治療法（尤其是分析取向的
療法）停止之處還能持續前進：他們堅稱，除非確定的目標
以及投入都能達到，否則治療就是瞎忙一場，因爲病理上的
病因都還在，而症狀到後頭也會回來。」

有些作者[47]聲稱，在存在精神醫學之中，意義治療法

44　Arthur Burton, "Beyond Transference," *Psychotherapy: Theory, Research and Practice* 1: 49, 1964. 原注

45　Edith Weisskopf-Joelson, "Some Comments on a Viennese School of Psychiatry," *Journal of Abnormal and Social Psychology* 51: 701, 1955; "Logotherapy and Existential Analysis," *Acta Psychotherapeutica* 17: 554, 1963. 原注

46　J. C. Crumbaugh, "The Application of Logotherapy," *Journal of Existentialism* 5: 403, 1965. 原注

是已經演化出一套技法的唯一學派。毋寧唯是，還有人說：
意義治療法在心理治療中增加了一個新向度，亦即它把定
然只屬於人的現象這向度加入其中。事實上，有兩個特屬於
人的現象，即自我超越的能力，以及自我抽離的能力，都由
意義治療的兩種技法而發動起來，在此所謂的兩種技法就是
指反反思與弔詭意向。德國麥茵茲大學精神醫學系的佩特里
羅維奇教授（Professor Petrilowitsch）把這兩種由意義治療技法
而得來令人驚奇的結果歸之於此事實：意義治療法非屬精神
官能症向度，而應屬於動力學的向度或制約反應過程。譬
如說，相較於行為治療，意義治療法並不滿足於「再制約」
（reconditioning）的說法，而是開啟人所具備的人性向度本
身，並且引用了「人類作為受苦者」的人性資源。

　　這也許就是強生（Paul E. Johnson）[48]心目中的印象，當他
這樣說時：「意義治療法並非用來和別的治療法對抗，但很
可能是用其中的加分因素來對它們提出挑戰。」

47　參見其中一篇：Joseph Lyons, "Existential Psychotherapy: Fact, Hope,
　　Fiction," *Journal of Abnormal and Social Psychology* 62: 242, 1961. 原注

48　Paul E. Johnson, "The Challenge of Logotherapy," *Journal of Religion and
　　Health* 7: 122, 1968. 原注

6

醫療事工

Medical Ministry

　　醫療事工（medical ministry）[1]意指在意義治療法的體系內也能透過如同教會的事工服務來處理體質因素的身心症，而非只能處理智因或心因的精神官能症。不說也知，身心症案例若可用意義治療法來處理，其唯一條件，就嚴格意義來說，是他們還沒找上心理治療，也就是說，在他們的困擾之中，其體質因素無法消除。接下來，重要的在於患者對此困

1　事工（ministry）是指基督教會的成員執行教會所任命的工作。事工原是針對教會內的會友，後來則擴大為針對大眾的服務。參與事工，以基督徒的生命去幫助別人，帶有宣教的目的。但宣教事工並不直接傳播基督教，而是藉著所從事的服務工作（例如教會醫院的醫療宣教），以達到傳教的目的。在本文中只是仿照事工的服務型態，討論的內容會牽涉到宗教信仰，但作者顯然沒有宣教的意思。譯注

境所採取的立場，以及他對於受苦所選擇的態度：換言之，必須充實受苦的潛在意義。不說也知，我們對於疾病的病因處理必須提供一些優先選擇，而當病因處理在此都證明是徒勞無益時，才能訴諸醫療事工。那麼患者對於自身疾病的態度處理就會變成可能的，也是必要的事情。

這份功勞應歸於紐約大學的崔孚碧（Joyce Travelbee），她認爲除了醫師之外，護士也有責任和機會，在這方面她都作了些探討。在一本以意義治療法爲基礎概念的書中，她成功地把一套方法論予以系統化：「這樣設計是爲了能協助患者達成意義。」[2]她寫道，她的「主要信念在於：人就得在其一生的體驗中尋求意義才得以啟動，而意義可在疾病、受苦和疼痛之中找到。」[3]爲了顯示崔孚碧教授所走過的研究路線，讓我摘述她所列出的方法之一，亦即「寓言法」：[4]

「寓言法似乎特別適用於某些患者。在使用這種特別方法時，護士和患者之間的互動，會引用一則寓言，或講個故事，來詳述一個要點，卽沒有人能對疾病置身事外。有一則特別有用的寓言或故事是『芥菜種子的寓言』。高達米生於

2　Joyce Travelbee, *Interpersonal Aspects of Nursing*, F. A. Davis Company, Philadelphia, 1966, p. 171. 原注

3　同上注，第v頁。原注

4　同上注，第176頁。原注

印度。她出嫁後跟夫家親族住在一起。她生了一個兒子，但男孩死了。她開始憂傷。她帶著這個孩子，四處去詢問有沒有藥可救活。人家都在斥罵和嘲笑她。有一個人可憐她，就告訴她可向一位世間第一的尊者求助。她帶著孩子來向尊者問藥。尊者告訴她，她能來為兒子求藥是做了一件好事。他對她說，去尋遍整個城市，看有沒有哪一家人沒受苦、沒生病，就向那家人要一粒芥菜種子。她就出發挨家挨戶去問，結果根本沒發現有哪一家是沒人受苦的。她終於明白她的兒子不是唯一受苦的小孩，而受苦才是人間的普遍法則。」

由我自己的實務工作中對於**有意義的受苦**也可舉出一個例子。那是關於一位年長的一般科醫師的故事。他來向我諮詢是因為他的太太過世後，他陷入憂鬱。我用的是蘇格拉底式的對話形式問他：如果先過世的人是他而不是太太，那會發生什麼事？「那她會多難受啊！」他說。我回道：「你沒看到嗎，醫師，難受的事情不就繞過她了？而那是你讓她不必受苦的；但現在，你必須付出的代價就是活下來並且悼念她。」[5] 我們的對話導引他發現他的受苦中有意義，亦即一種為他太太而犧牲的意義。

5　　Viktor E. Frankl, *Man's Search for Meaning: An Introduction to Logotherapy*, Washington Square Press, New York, 1963, p. 179. 原注

　　我在一個美國的團體中講過這個故事，有位美國分析師對此作了評論，足以說明化約論者如何看待意義和價值。他是這樣說的：「我理解您的意思，弗蘭可博士；不過，如果我們從事實來開始，就是您的患者之所以會爲太太過世而受那麼深的苦，那是因爲在無意識中他一直是恨她的……」在此，我對他說：「你的患者如果在你的躺椅躺上 500 個小時，那你很可能會成功地把他帶到那個狀態，就像鐵幕裡的共產黨在他們所謂的自我批判那樣，會告白說：『是的，醫師，你說得對，我一直是恨我太太的……』但你也把患者唯一的寶物都剝奪殆盡，也就是他和他太太的婚姻生活中所建立的，對於獨特的愛所擁有的意識……」

　　在我的一本書中，[6] 我描述過意義治療法的程序，其設計是爲了促進意義和價值的發現。我稱之爲技法上的公分母。根據謝勒之說，評價的意思是偏好較高的價值而非較低者。而假若對公分母能有所覺知的話，我主張用價值的等第來做比較會容易得多。

　　生命的無常屬於我所謂人存在的**悲劇三角型構**，因此它也是不治之症的患者所困擾的難題，使患者所面對的不但

6　Viktor E. Frankl, *The Doctor and the Soul: From Psychotherapy to Logotherapy*; chapter "From Secular Confession to Medical Ministry." 原注

是受苦，甚至還帶著迫在眉睫的死亡。在這種案情中，問題
是我們要如何向患者傳達我們的信念，即過去本無所失，所
有的東西都安全地貯存在儲倉裡。過去乃是存有的最安全模
式。凡是過去的，都已被我們保存爲過去。在那本《當代心
理治療實踐》[7]的巨冊中，包含一段我與一位80高齡的患者
晤談的錄音稿，她正苦受著不治的癌症。她自己知道此一事
實，也因此而變得憂鬱。在我的意義治療法臨床課上，我把
這個案例錄音[8]呈現出來給上課的學生聽。我們的這段對話
中，我的部分全都是卽席演出，其過程如下：

弗蘭可：你回頭看這一輩子的生活時，你會想到什麼？生命
　　　是值得活的嗎？
患者：這個嘛，醫師，我必須說我這輩子過得很好。生命是
　　　眞好。而爲了這一切我必須感謝主：我去看劇場的表
　　　演，我去聽音樂會，等等。醫師，你看看，我去那些地

7　Viktor E. Frankl, "Fragments from the Logotherapeutic Treatment of Four
　　Cases," in *Modern Psychotherapeutic Practice: Innovations in Technique*,
　　edited by Arthur Burton, Science and Behavior Books, Palo Alto, Califor-
　　nia, 1965. 原注
8　譯者在此加上「錄音」兩字，因爲下文提到學生聽了之後的鼓掌，所以
　　這段課堂呈現不是只看錄音的謄稿。譯注

方都是跟著我所服侍的那家人一起去的。我在那家當女
僕幾十年，先是在布拉格，後來到了維也納。對於所有
這些恩寵，這些美好的經驗，我感謝主。

（然而我覺得她也會懷疑她這一生的終極意義，我想要
透過她的懷疑來導引她。但首先我必須把懷疑挑激出來，然
後跟懷疑摔角──就像雅各跟天使的摔角，直到他受天使的
祝福。我想要跟患者所壓抑的、無意識的存在絕望摔角，這
樣她才終於能「祝福」她的一生，不論發生了什麼事情，對
她的生命都能說「是」。所以我的工作包括讓她去質問生命
的意義，在有意識的層次，而不是一直壓抑她的懷疑。）

弗：你說的是一些美好的經驗；但所有這些總有一天會結束
　　的，可不是？
　　患（一邊沉思著）：是的，一切都會結束……
弗：那好，你現在會想到，生命中所有美好的事情也可能化
　　爲泡影？
患（仍然更加沉思中）：所有那些美好的事情……
弗：但是，告訴我，你認爲有人可以解消掉你體驗過的幸福
　　嗎？有人可以把它抹掉嗎？
患：不，醫師，沒人可以把它抹掉。

弗：或是任何人可以抹掉你這一生碰過的美好事情嗎？

患（變得包含更多情緒性）：沒有人可以把它抹掉！

弗：你所達到和完成的——

患：沒有人可以把它抹掉！

弗：或是你很勇敢、很誠實地承受的苦，有人可以把它從世間移除嗎——好像從你所保存的過去中移除掉？

患（現在開始掉淚）：沒有人可以把它移除！（停頓）是真的，我曾經受過很多苦，但我也試著要勇敢和堅定地承受我必須承受的。醫師，你知道，我認為我的受苦是一場懲罰。我信神。

（意義治療法本身對於臨床的問題採用的是世俗取向。不過，當一位患者是立場堅定的信徒時，那也不必反對利用其宗教信念的療效，並從而引用他的精神資源。為達此目的，意義治療師可試將自己設身處地為患者。那正是我在此刻所作的。）

弗：但難道受苦有時不也是挑戰嗎？難道不能想像神就是想要看看安娜絲塔西亞・柯帖克如何能夠承受？也許祂不得不承認：「是的，她承受得非常勇敢。」現在，你告訴我：有任何人能從世間抹除掉這樣的成就和事蹟，

163

柯帖克夫人？

患：當然沒人能夠辦到！

弗：這些都會留著，不是嗎？

患：是的！

弗：順便一提，你沒有孩子，是吧？

患：一個都沒有。

弗：好吧，你是不是認為生命要有意義，只當有了孩子才能如此？

患：如果都是些好孩子，為什麼那不是一種祝福呢？

弗：對，但你不能忘記，譬如說，歷史上最偉大的哲學家康德，他沒有孩子，但有誰敢懷疑他的生命具有超過常人的意義呢？如果孩子是生命唯一的意義所在──生命會變得毫無意義，因為生出了本身沒意義的東西來，當然就是最沒意義的事情。生命中重要的不如說是達到某些成就。而這正是你所做到的。你已經讓你所受的苦變成最好的。你變成了我們患者當中的表率，是因為你自己承受苦難的方式。我要恭賀你的這種成就，我也恭喜其他的患者，因為他們有機會見證這樣的表率。（現在我轉向學生說話）；Ecce homo!（看啊，這個人！）[9]（〔錄音中的〕聽眾爆出一陣自發的掌聲。）這陣掌聲是針對你的，柯帖克夫人。（此刻她在低泣。）那是關於你的

生命所達到的高度成就。柯夫人，你很可以為此感到驕傲。而能為自己的生命感到驕傲的人實在不多⋯⋯我該說，你的生命是一座紀念碑。沒有人可把它從世間移除。

患（恢復自我控制）：弗蘭可教授，您剛才講的，是一場安慰。真的撫慰了我。我從來沒機會聽到像這樣的話⋯⋯（她緩緩地、安靜地離開了教室。）

很顯然，她覺得踏實多了。一週之後，她過世了——就像約伯（Job），你可以這樣說——「在完滿的年紀」。[10] 不過，在她生命的最後一週，她不再憂鬱了，反而充滿了信仰和驕傲！在此之前，她向病房主治醫師貝克（Dr. Gerda Becker）承認，她覺得很痛苦，說得更仔細些，就是她簡直被自覺無用的焦慮所碾壓。然而，我們的晤談使她意識到她的生命充滿意義，甚至她所受的苦也沒有白受。在她闔眼之前說的最後一句話，就是：「我的生命是一座紀念碑。弗蘭可教授說

9　Ecce homo！（看啊，這個人！）是尼采一本著作的書名，出自〈約翰福音 19：5〉。譯注

10　〈約伯記 42：17〉。中文本《聖經》的各版本都不譯作「在完滿的年紀」，但本書中既然引用的是「in a full age」，那就據此翻譯，不參照中文本《聖經》。譯注

的，當著所有的聽眾，在教室裡對所有的學生這樣說。我的一生沒有白活……」

這是貝克醫師的報告上寫的。而我們也有道理可認定，柯帖克夫人，也像約伯那樣，「她歸於墳墓，好像禾捆適時收藏。」[11]

我說過，在此個案中，我引用了我的患者所擁有的精神資源。換句話說，我離開心理學向度而轉入靈智學向度，亦即人所關懷，且會追尋終極意義的向度。這是唯一能適當處理此案的方式。我很想知道如果我們請來一位行為治療師接案，把患者的制約過程代換成再制約過程，結果會發生什麼事？而我也很好奇，如果請來的是正統佛洛伊德派，把個案詮釋限制在背後潛藏的動力學中，那又會產生什麼結果？這意味著把實際的問題搪塞掉，而強化患者的逃避心態。

事實上，在一般意義上的訓練分析並不能為分析師裝備好，用以協助像柯帖克夫人這樣的案例。「那些應該有能力協助病人的人，」崔芙碧教授說[12]：「要嘛是沒辦法，要不就是不知道如何協助。讓病人相信他的疾病和受苦是毫無意義

11　作者引用〈約伯記5：26〉，文字已據本文的意旨稍作修改；譯者的譯文也作了修訂。譯注

12　Joyce Travelbee, *Interpersonal Aspects of Nursing*, F. A. Davis Company, Philadelphia, 1966, p. 170. 原注

的，還有什麼比這更不道德的事情？悲劇不在於衛生工作者沒有足夠的智慧來幫上忙。悲劇在於那種難題甚至沒受到辨認，卽連本來有責任來協助和撫慰的人亦是如此。」

我有另外一位患者在一門課上和我晤談，她表達了她對於生命無常的關懷。「早晚都會結束的，」她說：「什麼都留不下來。」我就想試著帶她來認識：生命無常並不妨礙它可以充滿意義。帶一下不太成功，於是我改用蘇格拉底式對話。「你有沒有碰過一個人，」我問她：「對於他的成就和事蹟，你非常欽佩的？」「當然，」她答道：「我們的家庭醫師是個很特別的人。他怎樣照料他的病患，他怎樣爲他們而活……」「他過世了嗎？」我追問。「是的，」她回答。「但他的生命意義無與倫比，不是嗎？」我問她。她答道；「如果有任何人的生命是充滿意義的，他就是。」「但這樣充滿意義的生命，在他離世之後不就都結束了嗎？」我問她。「才不，」她回說：「沒什麼可以改變這事實，就是他的生命很有意義。」但我繼續挑戰她：「不過，假如沒有一位病患記得對這位家庭醫師有多少虧欠，只因爲不知恩？」「但還是留著，」她嘀咕說。「或只是因爲記不得？」「還留著的。」「或者因爲有一天最後一位病人也過世了？」「那還是留著……」

意義治療法的那個面向，就是我所謂的醫療事工，絕不

可與傳教的事工相混。兩者間有本質上的差異，我會在下一章再來詳述。目前我們先要自問：醫療事工到底算不算醫療的工作？安慰病患到底屬不屬於醫療專業的責任？龐大的維也納總醫院至今仍收容了許許多多大學診所的病患。約瑟夫二世大帝曾給它題詞：「*Saluti et solatio aegrorum*——致病患的照料者與安慰者。」

就我自己，也相信那說法：「你們要安慰，安慰我的百姓。」（〈以賽亞書40：1〉）寫下來或對著「他的百姓」之中的醫師當面說，也是有效的。[13] 這是每一位好醫師一直都理解的責任。在無意識層面，就連精神分析師也提供安慰。不然的話，試推敲一下伯屯[14]所指出的那些案例，其中所有的死亡恐懼都會毫無分別地被「分析掉」，或化約成閹割焦慮。

分析到底，這就到了把智因憂鬱誤解為心因憂鬱的地步。同樣常見的是把體質因素的憂鬱症誤解為心因所導致。

---

13 「我的百姓」屬於呼喚格而非對象格。「他的百姓」也不是指對象，而是指安慰的主體。（譯按：呼喚格是說「讓我們來安慰我們的百姓。」至於「他的百姓」之中的「他的」就是指「醫師們的」，這就意指安慰行動的主體在醫師。）原注

14 Arthur Burton, "Death as a Countertransference," *Psychoanalysis and the Psychoanalytic Review* 49: 3, 1962–1963. 原注

在這樣的案情中，患者不會得到安慰，他的自我控訴以及罪疚感都被激化，因為他覺得他的慘狀是他自己應該負責。換句話說，在他的體質因素上又加了心因性的憂鬱症。

反過來說，患者若得到資訊，說他的困擾乃肇始於體質因素，他一定會感到輕鬆得多。有些中肯而貼切的個案材料可在杜賓根大學精神醫學系主任舒爾特（Schulte）最近出版的一些著作中看見。

反反思的技法有助於患者停止跟精神官能症或精神病的鬥爭，讓精神官能症或精神病的增強饒過他，讓他免除額外的受苦。這到底要如何達成？可以看看以下一段錄音謄稿，摘錄自我與一位19歲思覺失調女孩的晤談，當時她就讀於維也納藝術學院。[15]她被我在一般醫學總醫院裡的部門接案，因為她已露出思覺失調症早期的重度症狀，譬如幻聽。她也顯現了不斷皺眉的現象，我在1935年描述過。[16]此現象的特徵是皺眉肌的肌纖維震顫，並且也是思覺失調症即將發

15 Viktor E. Frankl, "Fragments from the Logotherapeutic Treatment of Four Cases," in *Modern Psychotherapeutic Practice: Innovations in Technique*, edited by Arthur Burton, Science and Behavior Books, Palo Alto, California, 1965, pp. 368 ff.原注

16 Viktor E. Frankl, "Ein häufiges Phänomen bei Schizophrenie," *Zeitschrift für die gesamte Neurologie und Psychiatrie* 152: 161, 1935.原注

作的徵象。

　起初患者的自訴是冷漠無感，後來就說她「覺得迷惑」並要我幫忙。於是我開始讓她進行反反思。

弗蘭可：你陷入危機中。你不應只關心自己有什麼特殊的診
　　　斷，讓我說，那只是危機。奇怪的思想和感覺正在困擾
　　　你，我知道，但我們已經試過讓情緒恢復波平浪靜。透
　　　過現代藥物治療的鎮定效果，你已逐漸恢復了情緒平
　　　衡。你現在到達的階段是有個重建的工作在等著你！但
　　　一個人沒有生命的目標，沒有任何挑戰，就無法重建他
　　　的生命。

患者：我明白您的意思，醫師；但會一直讓我注意的是這個
　　　問題：我的裡面到底發生了什麼事？

弗：不必爲你自己憂心忡忡。不必追問你的困擾有什麼來
　　源。把這些留給我們醫師。我們會給你導航到通過危
　　機。好吧，不就有個目標在對你招手嗎——譬如說，達
　　到藝術的成就？不是有很多事情在你裡面醞釀著？沒成
　　形的藝術作品，沒畫出來的畫等著要成爲創作，好像都
　　在等你來生產？想想這些事情吧。

患：但是這些內在的紛擾……

弗：不必去看那些內在紛擾，而要把你的眼光轉向那些等著

你的事情。真能算是一回事的，不是那些潛伏在深處的，而是等在未來的，等著要你去實現。我知道有些神經緊張的危機很困擾你，但我們來給這困水澆上一點油。那是我們醫師該做的事。把難題交給精神科醫師。反正，別去觀望自己；別問你裡面發生什麼事，不如問問什麼在等著你去完成。所以，我們就別討論怎麼處置你這個個案，不論它叫焦慮性精神官能症或精神官能症式的頑念，管它是什麼，我們還是想想，你是安娜，有些東西等著你。別只想你自己，而要把你自己交付給那孕育中的工作，有待你去創造出來的。也只當你創造出來之後，你才會知道你像是什麼樣子。安娜會被識別為一個藝術家，當她完成藝術作品時。身分識別並不是自己專注於自己的結果，而是由於投入一項使命，或實現了自己的特定工作。如果我沒記錯的話，那是賀德林（Hölderlin）寫的詩句：「我們什麼都不是；要緊的是我們要走向何方。」我們也就可以說：意義多於存有。

患：可是，我的難題到底根源何在？

弗：不要把問題聚焦在這裡。不論你的心理苦惱背後有什麼病理學過程，我們都會治好你。因此，不必關心那些籠罩著你的奇怪感覺。別理它，我們會幫你把它除掉。不必去瞭望。不必跟它開戰。

（與其一直用心理動力學的詮釋來增強患者思覺失調的
自閉傾向，我寧可嘗試導出她的意義意志。）

弗：試想想有一整打的大事和作品等著要安娜去創造出來。
這些事蹟沒有別人可以取代。那都得是你的創造，如果
你不去創造，那就會永遠停留在未創狀態了。不過，如
果你把它創造出來，那就連魔鬼都無力把它抹滅。那
麼，你就是把它們救活了，因爲帶到現實之故。就算你
的作品被敲成碎片，收藏在過去博物館裡——這是我愛
用的字眼——它還是會永遠長存。這個博物館裡的東西
不會被偷，因爲凡是做過的事情就不可能不做了。

患：醫師，我相信您說的。這個訊息很讓我高興。（她的臉
上出現一陣光彩的神情，然後她從躺椅上起身，走出我
的辦公室。）

　　在幾週之內，患者的心理和藥物治療都還持續，而她的
思覺失調症狀已消失到讓她能夠恢復工作和上課。

　　另一位思覺失調患者是 17 歲的猶太男性。[17] 他的養
父前來申請作單次的諮詢。這個年輕人是在二戰期間被他
救活的，那時有一批猶太人等著被納粹行刑。總之，其後
這位患者必須送到以色列住院兩年半，因爲有嚴重的思覺

失調症狀。現在他來跟我討論他的難題，在許多難題之中
有一個是他脫離了傳統的猶太神學背景，而他原本是在其
中養大的。

弗蘭可：你的懷疑是從何時開始發展的？

患者：我開始懷疑是在被關的時候──就是在以色列的醫院
　　　裡。你知道嗎，醫師，警察把我抓住，帶到一個機構。
　　　我就責怪神把我變得跟常人不同。

弗：不過，難道這不是可以想像的嗎，就連這也都是有某種
　　目的的？試想想先知約拿，被鯨魚吞進肚裡。他不也是
　　「被關」了嗎？為什麼是他？

患：因為是神的安排，當然。

弗：好，對約拿來說，發現自己被吞進鯨魚肚裡，那當然不
　　是什麼樂事，但只在那時他才可能承認生命是有任務要
　　做，先前他都拒絕的。今天，我想簡直不可能把人關進
　　鯨魚肚裡，是吧？反正，你不必待在鯨魚肚裡，而是要
　　在一所機構裡。難道不能想像，那兩年半的監禁是神也

17　Viktor E. Frankl, "Fragments from the Logotherapeutic Treatment of Four
　　Cases," in *Modern Psychotherapeutic Practice: Innovations in Technique*,
　　edited by Arthur Burton, Science and Behavior Books, Palo Alto, Califor-
　　nia, 1965, pp. 370 ff. 原注

在面質你，要你有任務？也許你所受的監禁就是你的生命某段特定時期被指派的功課。難道你不是終於以正確的方式面對了此事？

患（現在變得更爲情緒投入，第一次這樣）：您知道，醫師，那就是爲什麼我仍然相信神。

弗：多說些。

患：這一切可能是神要的；可能祂要我康復……

弗：我得說，不只是康復。康復不算是成就。對你的要求不只是康復。你的精神境界應該會比你生病前更高一個層次。你不是在鯨魚肚裡待了兩年半嗎，就像小約拿那樣？現在你已經從你必須被關的地方放了出來。約拿，在他被關之前拒絕去尼尼微宣揚神，後來他才去了。至於你呢，很可能從現在開始你會沉潛得更深入，到《塔木德經》（the Talmud）的智慧裡。我不想說你應該比你以前作更多功課，但你一定會讀出更多成果，也更有意義。因爲現在的你經過了純淨化，就像在《詩篇》（或別的什麼地方）說的，金銀在坩堝裡被純淨化那樣。[18]

18　金銀與鉛一同在坩堝中融化後，空氣吹過融化的金屬表面，其中雜質浮起爲渣，只餘純淨的金屬。在〈約伯記〉中，約伯經歷了淨化過程，便如純淨化的金子，恢復原有的榮譽。編注

患：喔，醫師，我瞭解您的意思。

弗：你待在醫院的時候，不是偶爾會哭泣嗎？

患：喔，我哭得真不少！

弗：是的，透過你的眼淚，你哭出了自己，把一些爛渣都哭
　　掉了⋯⋯

　　這單一的一次晤談所帶來的衝擊，很鮮明地減低了患者
對於養父的攻擊性，並且也增加了他研讀《塔木德經》的興
趣。有一段時期，患者拿到硫化二苯胺（phenothiazines，
某種抗精神病藥物）的處方；後來，他除了服用低劑量的同
種藥物之外，就不再需要進一步的治療了。他變得相當能參
與社交，也恢復了他的手工藝。除了主動性比較縮減之外，
其他行為都很正常。就在上述那一次晤談中，我還成功地要
患者根據可得的意義和目的資源來重新評估他的困境，不只
是把精神病除外，還正是因為這場病的緣故。還有誰會懷疑
這種正當性——也就是在此案中完全援用手邊可得的宗教性
資源？反正，我有意避免去分析那些某種程度上把他和世界
擋開的高牆。對於那種狀態，我不太在乎它的根源是什麼，
不管是體質的或心理的。但我確實試圖挑戰患者走出這些高
牆。換句話說，我試圖給他一塊可以站立的基礎。

　　有些時候患者不只是消除了額外的苦難，也還能發現受

苦之中的額外意義。他甚至還能把受苦成功地轉化爲勝利。不過，我再說一遍，意義乃是基於患者對於受苦所選擇的態度。以下一個案例可以說明這一點：

　　一位加爾默羅會（Carmelite）的修女正受憂鬱之苦，也已知是起於體質因素。她被一般醫學總醫院的神經科接案。在進行特殊的藥物治療以降低憂鬱之前，她的憂鬱由於心理上的創傷而加劇了。有一位天主教神父告訴她：假若她是個眞正的加爾默羅會士，她早就可以克服憂鬱了。當然這是無稽之談，況且還在她的體質性憂鬱症之外增加了心因性的病情（或更明確地說，是增加了「傳道因精神官能症」〔ecclesiogenic neurosis〕，有如謝淸〔Schaetzing〕所說的[19]）。但我能讓患者從創傷經驗的效應中解脫，從而釋除了那灰心喪志的憂鬱。神父告訴她一個加爾默羅會的修女不能憂鬱。我則告訴她，也許只有加爾默羅會的修女才有本事以令人欽佩的方式掌控憂鬱，如她之所爲。事實上，我最難忘的是她的日記上那幾行字，其中描述了她在對付憂鬱時所採的立場：

　　「憂鬱症是我日日隨行的伴侶。它使我的靈魂不堪重

19　艾伯哈德・謝淸（Eberhard Schaetzing, 1905-1989），德國醫師，於1955年首度提出「ecclesiogenic」一詞來描述這類精神官能症。編注

負。我的理想哪兒去了？偉大、美麗和善良，這些是我曾經全神投入的，現在都哪兒去了？眼前除了厭倦之外，一無所有，而我正掉入其中。我活著好像被拋進眞空。因爲有些時候，在其中甚至疼痛的體驗對我都變得不可及。連神都一聲不吭。那時我眞想死。愈快愈好。假若我不能擁有信仰，因而變成不是生命的主人，我寧可把它拿掉。不過，透過我的信仰，受苦已轉變爲一份禮物。認爲生命必須很成功的人就像面對一個建築工地時，不理解工人因爲要建的是一座大教堂，就得挖地基。神在每一個靈魂中都建立大教堂。在我的靈魂中，祂正要挖地基。我該做的事只是在祂的每一鏟擊來時，要保持鎭靜。」

我認爲這已不只是一則個案報告。而是一篇**人性檔案**（document humain）。

以任何案情來說，我們沒有理由認定精神官能症或精神病必定會對患者的宗教生活造成傷害。它不必然是障礙，反而可能是引起宗教反應的挑戰或刺激。就算是精神官能症把人逼入宗教，長時下來，宗教還是有可能轉變爲眞正的信仰，且終能助人克服精神官能症。因此要事先排除帶有神經質特質的人進入神學專業，這是沒道理的。[20] 聖經承諾眞理可使我們得到自由，但並不意謂一個眞正具有宗教性的人可免於精神官能症。但反過來說也不對。也就是說，免受精

神官能症折磨的自由絕不保證人能進入宗教生活。這種自由
對宗教而言既非必要條件也非充分條件。

　　直到最近我才有機會來討論這個議題，對象是之前曾
主持一所聖本篤修院的會長，他變成一位名人，因爲他對於
前來入會的人會提出兩項先決條件：第一，他是有意來追尋
神，第二，他願意接受精神分析。在我們的交談中，他告訴
我，到目前爲止，對於佛洛伊德、阿德勒、榮格的作品，他
連一行都沒讀過。他自己只接受過精神分析，5年。我很懷
疑像這樣堅認的正統式與教條式教導屬於任何一種特定的精
神醫學取向，如果這種堅認的根據是個人體驗而非醫學實
踐。前者也許可作爲一種補遺，但不能取代後者。更重要的
是：缺乏精神醫學訓練，也就是沒有機會作各種不同門派
間的比較，說明了許多精神醫學門派分子之間改變信仰的
現象。

　　在一本美國雜誌所刊載的訪談中，這位會長說：「在
1962年到1965年，也就是精神分析年代的肇始期間，有
45位候選人入會。留下來的有11位，或稍多於20％。」[21]

20　在我的著作《鬼神、巫覡與信仰》（台北：心靈工坊，2019）中已說明：
　　我們的文化傳統對於神經質的神職人員，不但不排斥，還經常視爲此專
　　業的入門條件。譯注

在面對這個數字時，我必須自問：如果要接受神經質篩檢
的話，多麼少的人──如果真有這種人存在──會成為，
且留在精神科醫師這個位置上。至少我自己相信，除非我
們能碰上自己裡面的一些神經質因素，否則我們就不會成
為精神科醫師，因為我們打從開頭起就不會對這門科學感
興趣。並且我們也不會繼續留在精神科醫師這位置上，因
為我們不能具有好的精神科醫師所必備的體會（empathy）
之情。[22]

　　一項最近的研究顯示：「醫師們比其他行業的人有更多
傾向於自殺，」而更重要的是：「在這名單中的榜首顯然是
精神科醫師。」[23]在評論醫師的高自殺率時，有篇文章刊在

21　Robert Serron, "Monks in Analysis," *This Week*, July 3, 1966, pp. 4–14. 原
　　注

22　「Empathy」在此譯為「體會（之情）」，因為常見的譯法「同理心」是個
　　相當偏頗的詞義。從原文來看，它不可能含有「同理可證」的意思。但
　　若說那是來自宋儒的「人同此心，心同此理」，則那種「天理」的語義在
　　現代漢語中，要不是已經消失，要不就是過度的唱高調，不近人情。用
　　「同情」也許比較接近，但那已是「sympathy」的譯名，不可混用。我們
　　在此使用意譯法，最好的選擇就是「體會」。譯注

23　Walter Freeman, "Psychiatrists Who Kill Themselves: A Study in Suicide,"
　　American Journal of Psychiatry 124: 154, 1967. This is an abridged version
　　of a paper read at the 123rd annual meeting of the American Psychiatric
　　Association, Detroit, Michigan, May 8–12, 1967. 原注

英國期刊中的佼佼者，這樣寫道：[24]「在各種專業中，精神科的自殺顯然不成比例地獨占鰲頭。解釋可能在於選擇專業之時，而不在滿足其要求時，因爲有些選擇精神醫學的人可能是出於病態的理由。」你可能假定這說法是有利於個人接受精神分析，以預防這類的受訓者成爲精神科醫師，或至少，可協助他們克服他們的病態。只不過，正好相反，「精神科醫師自殺事件的兆頭連連，可能最該怪的是一個普遍觀念，即在基本要求上，他們都得接受個人的精神分析。」[25]或者，我們再引述一次弗里曼（Walter Freeman）：「當前強調年輕精神科醫師以接受精神分析作爲生涯進一步發展的必要條件，但其中的危險尚未得到充分認識。此一說法堅持要對於自己的人格有完整的透視，然而這不是任何想嘗試的人都可能承受的。」

　　對於把心理測量方法用在特殊的宗教領域或一般職業領域，我也沒有預設的反對之見。譬如在密西西比州葛爾夫泊榮民總醫院裡的心理服務部門主任克倫堡；以及在路易西安那州紐奧良的聖瑪麗多明尼克學院擔任學務長的拉斐爾修女

24　"Suicide Among Doctors," *British Medical Journal* 1: 789, 1964. 原注
25　Ruth Norden Lowe, "Suicide by Psychiatrists," *American Journal of Psychotherapy* 21: 839, 1967. 原注

（Sister Mary Raphael, O. P.），他們動手發起的研究計畫都是顯例。這種計畫所根據的假設就是：意義的意志在諸因素間會顯得特別高，並且會影響到宗教修會中的成員。因此有一群多明尼克會的修女被取出作爲樣本，用來計算他們回應召喚的本質，對於其中最能顯現意義意志者，要用對照組的方法來進行研究。對於人格、價值結構，以及目的感的心理測量指標是由《生命目的測驗》（Purpose-in-Life Test）所測得，[26]這些指標用來比較訓練期間的修女之中，表現優秀的一組與條件不足的一組。研究的預測是：優秀組會顯現較強的行爲證據，可詮釋爲意義意志的表現；至於不足組則會表現出顯著缺乏上述的證據。研究者有個期待：意義意志的測量會比人格測量更能區分組別間的差異，然後把訓練期間所有的指標綜合起來，會在意義意志測量與訓練成效測量之間產生更高的相關係數——相較於人格測量與訓練成效之間的相關而言。克倫堡博士和拉斐爾修女都堅信有這種尋求生命意義的

26　James C. Crumbaugh and Leonard T. Maholick, "An Experimental Study in Existentialism: The Psychometric Approach to Frankl's Concept of Noogenic Neurosis," *Journal of Clinical Psychology* 20: 200, 1964. 原注 。《生命目的測驗》（Purpose-in-Life Test）的中文版是譯者首度翻譯並用在碩士論文中，參見：宋文里，1977《存在意識之研究及其在高中生輔導上的涵意》。台灣師範大學教育研究所碩士論文。未出版。譯注

動機存在，並且在相當程度上是獨立於種種人格變項之外。如果他們的研究計畫都能獲得證明，他們相信有可能把意義意志的測量用在各種甄選程序上，以及用作心理診斷測驗。

確實的，這種意義治療法取向也可以在心理測量取向中表現，也就是量化取向。換言之，它可以把許多決定性的指標納入理論說明。以某種方式來看，它所根據的乃是關於人的決定論概念。但是關於人的決定論概念還不能說是泛決定論。

在關於人的泛決定論概念脈絡中，個人的宗教生命泰半被假定為受其父親形象所決定。不過，不信者卻並不總是能夠上溯到父親形象的扭曲。對此，我曾在我的一本書中，以我的同僚們所蒐集的主要統計數據作過詳述。[27] 我們的證據顯示了宗教這回事不只受教育影響，還是個人抉擇的結果。

我們所用的技術很簡單。我讓我的合作伙伴從一天的門診患者當中作了篩檢。篩檢結果是23位患者的父親形象是正面的，13位是負面的。但在正面形象者當中只有16位，而負面形象者當中只有2位，坦承會允許這些形象來完全決定他們的宗教發展。受篩檢者之中有半數的宗教概念是在父

27　Viktor E. Frankl, *Psychotherapy and Existentialism: Selected Papers on Logotherapy.* 原注

親形象之外獨立發展的。我們都知道一個酒鬼父親的兒子不一定會變成酒鬼。同樣的，貧弱的宗教生活並不總是能夠推溯到負面父親形象的衝擊。甚至連最糟糕的父親形象也不必然可防止一個人建立起跟神的健全關係（可參看那11位受試者）。因此可說，有一半受試者是由教育塑造而成，而另外一半則是經由抉擇來自行決定。[28]

事實不是命運。重要的是我們在對待它們之時如何自處。人不必因為有精神官能症就成為糟糕的修女或僧侶，縱然有了精神官能症，仍可成為好僧侶或修女。在某些案例中，他們甚至變成好修女、好僧侶，是因為有了精神官能症之故。而對於修女僧侶為真的條件，對於精神科醫師亦然。事實上，有些創意十足的精神科醫師，譬如某些流派的創建者，聽說他們會發展出一些體系，分析到底還能描繪出他們自己的精神官能症。在此，我看出的是一種成就，因為這樣一來，他們不但克服了自己的精神官能症，還能教其他的醫

28　在此我有準備要面對來自神學家的反對，因為總有人說，在不利的教育條件中要建立自己的宗教信仰，若非受到神的恩寵，那簡直無法想像。如果人要信神，他必由神恩扶持。但別忘記，我所參照的研究架構是心理學，或也可說是人類學：換言之，是在人的層面進行的研究。然而，神恩卻立基於超自然的向度，因此在人的平面上就只能顯現為一種投射。換句話說，在自然的平面上所顯現為人的抉擇者，也很可以詮釋為在超自然平面上，有神的加持。原注

師們如何協助患者克服他們的精神官能症。單獨一個人的悲
慘之事由是轉變成爲全人類而作的犧牲。唯一的問題就在於
某位特定的精神科醫師所患的精神官能症是否足以代表他那
時代的精神官能症。若果是的話，他所受的苦就代表了人性
的苦難。一個醫師必須穿越過他自己的存在絕望，方能學到
如何爲他的患者求得免疫。

　　讓我回頭談談我的主張，即精神官能症患者之宗教性的
有無，[29] 不論其是否爲精神官能症。精神官能症對於宗教並
不必然會造成傷害。精神官能症患者可能很有宗教性，不論
是因爲有或是儘管沒有精神官能症。此一事實所反映的乃是
宗教的獨立性與本眞性。從各種面向來看，都可看出宗教具
有不可破壞性與不能消除性。連精神病都無法擊毀它。[30]

　　有一位年約 60 的男士被人帶到我這兒來，因爲他有幻
聽的問題，持續了幾十年。我面對的是一個破敗的人格。他
周遭的每一個人都把他看作白癡。但是，何等奇異的迷魅竟

29　「religious」這個形容詞，論其在一個人身上之「有無」時，最好譯爲「宗
　　教性之有無」。譯者作過這方面的研究及討論，認爲這就等於談「religi-
　　osity」之有無，而不能只說是「有無宗教」。譯注
30　在接下來一段中所談的「宗教」，其實仍是指宗教性，也就是存在於人
　　身上的宗教；其不可破壞、不可消除等等，都不是指宗教組織或教義；
　　最後一句「連精神病都無法擊毀它」，更顯然是這樣的意思。譯注

會從他身上輻射出來！打從小時候開始，他就一直想當教士。然而，唯一能讓他滿足的歡樂體驗就是禮拜天早上，到教堂合唱團去唱歌。他姊姊一直陪他去的，現在，這姊姊來報告說：雖然他很容易情緒激動，最後他還是能夠恢復自我控制。我對於這個案背後的心理動力學感到很有興趣，因為我認為這位患者對他姊姊有很強的固著（fixation）；所以我問他怎麼辦才能恢復自我控制：「你是為了誰才這麼做的？」就在那時，停頓了幾秒後，患者的回答是：「為了上帝。」

「為了上帝，」他說。換句話說，是為了要**取悅**上帝。在這樣的語境中，我想引述齊克果，他曾說：「即使瘋狂捧著愚人的外衣來給我，我也可因此而拯救我的靈魂，假若我是想要取悅上帝的話。」也就是說，即令我正受到精神疾病的折磨，我仍可選擇我在困境中的態度，這樣一來，讓它產生轉化而形變為一種成就。

對於產生變化，讓我來談談一個躁鬱症的案例，而不是思覺失調症。我絕不會忘記我曾遇見最美的一位女孩。她是個猶太人，但她留在維也納有好長一段時日，即令在希特勒的統治下，因為她父親是猶太社群所聘用的一位官員。在她經歷的一段躁症週期，她父親來向我諮詢，因為她有放蕩的行為。我指出躁症週期裡有兩種主要的危險，那就是，得了性病，以及懷孕。而在此案中還有第三種危險：生命危險。

她常跟著黨衛軍去夜總會。她和那些人一起跳舞，一起上床，讓他們和自己都陷入險境。終於，她被送進了集中營。我在那裡再度碰見她。而我永遠不會忘記那景象。我禁不住拿它來和歌德《浮士德》第一部最後一幕的最後一景作個比較。就如同葛麗卿（Gretchen）跪在地下室的乾草堆上那樣，周圍是一群精神病人在糞堆上打滾。那時她一面雙手合十，一面喃喃禱告。「聽啊，以色列……」當她看見我時，她向我貼過來，要求我饒恕她。我嘗試讓她靜下來。在我離開她時，她還繼續喃喃禱告。用希伯來語。除了在這場景以外，她還是像葛麗卿。大約一小時之後，她死了。她的身軀被耗盡，心中滿是困擾，並且嚴重迷亂。她不知道自己身在何處，以及為什麼。她只知道如何禱告。

在面對上述那兩種個案時，亦即思覺失調的老人以及躁鬱症的女孩，我們很難不把《詩篇》中的詩句重新詮釋：「主就在心碎者的近旁；且拯救了那些悔悟的靈魂。」「心碎」的難道不是思覺失調患者在發展曲線上的特徵嗎？在躁鬱症患者身上的特徵難道不是「悔悟」嗎？而思覺失調症與躁鬱症患者難道不是有時比常人更接近於宗教嗎？

就算是發展遲滯的小孩也仍保有人類的人性。有一所機構，其中收容了 4,300 名心智遲滯患者，該機構的駐院牧師羅特（Carl J. Rote）說的一段話，值得大家聽聽：「這些發展遲

滯者教我學會的東西比我能講的還要多得多。在他們的世界
裡，虛僞早就被一掃精光；在那個王國中，一張微笑的臉就
是他們對你的呵護所亮出的護照；而他們眼中透出的光可以
把最冰冷的心都融化。也許這就是神用來提醒我們的方式，
告訴我們說：這世界必須重新發現一些屬性，然而那是心智
遲滯者永遠不曾喪失的！」[31]

　　你也不能不對蘇格蘭阿伯丁大學的心理健康教授糜勒
（W. M. Millar）的陳述按讚。他說：「認爲完整性必須跟心理
健康劃上等號，這想法總是有些不對勁，也就是說，一個人
除非已經從精神科醫師那兒取得一張適應證明，否則他在神
的眼中就是不完整的。那麼，對於一個智障兒，或對於一個
退縮的思覺失調症患者，或對於高齡的失智患者，你要怎麼
說？假若我們已經陷落在這種身心整全的觀念之中，我們還
能給他們帶來什麼安慰？這些上帝的創作還可能作成完整的
作品，當然有一定的道理，雖然在醫療上的康復是沒希望
的。」[32]

　　以意義治療法之見，這並不意謂就此議題在有神論和人

31　Carl J. Rote, "Mental Retardation: The Cry of Why?" *Association of Mental Hospital Chaplains Newsletter* 2: 41, 1965. 原注

32　W. M. Millar, "Mental Health and Spiritual Wholeness," *Journal of Societal Issues* 1: 7, 1964. 原注

文主義之間選邊站。宗教鑑之於意義治療法就是一種人文現象，因此在人文現象中它必須熱切看待。它必須就事論事，而不能依照化約論的看法，把它變成低於人的現象來差遣。

嚴肅看待宗教才能允許我們援用患者的精神資源。在這樣的語境中，「精神的」就意指獨特而眞實屬於人的。而在此意義下，醫療事工乃是醫師的一種正當工作。

當然我們可以把它排除而依然在當醫師，引用杜布瓦的眞言──但我們該搞淸楚，我們唯一能和獸醫有所區別之處，乃在於我們對待客戶的方式。

CHAPTER

7

結論
意義的面向

Conclusion: Dimensions of Meaning

　　我在本章架構的空間內所允許呈現的每樣事情，並不就是意義治療法的主張。以本書主題的本質來說，我不得不把許多個人信念的告白放進神學與精神醫學的交界地帶之中。

　　有太多精神科醫師涉獵了神學領域，也有太多神學家涉獵到精神醫學領域。也就是紐約市立監獄的駐監牧師普洛爾斯（E. Frederick Proells）所謂的「半生不熟的神職心理學家，拋棄了他們的宗教武器」。他接著說，他們「跟某些醫師一比，就會沒臉見人，因為那些醫師只是在他們份內倒退幾步，撿拾了半調子神學家的牙慧，卻已經能表現不凡」。[1] 不過我得說，無論如何，精神科醫師就該抗拒那種誘惑，不要去涉獵神學領域。我一次又一次被問道：「在意義治療法中，恩典的位置在哪裡？」我的回答是：醫師在寫處方或動

手術時應該全神貫注，他不應在此時用恩典來挑逗人。他愈是儘可能專注於他的工作，且愈是少管恩典，他就愈可能成為恩典的良好載具。他愈像是個人，就愈可能成為神聖目的的工具。

意義治療法並沒有跨越心理治療與宗教的邊界。但它讓通往宗教的那扇門開著，讓患者自行決定他要不要通過那扇門。是患者自己必須要決定他對於責任的詮釋是否要對人性、社會、良心或對神負責。那得靠他來決定要對什麼、對誰，以及為什麼要負責。

在意義治療的領域中，有不少作者指出此治療法與宗教的相容性。然而，意義治療法並非基督教、天主教或猶太教的心理治療。[2] 所謂「宗教的心理治療」，以正確的意義來說，是不可理解的，因為心理治療與宗教之間有本質上的差異，亦即向度上的差異。打從一開頭，兩者的目的就不相

1　E. Frederick Proells, "Reflections of the Social, Moral, Cultural, and Spiritual Aspects of the Prison Chaplain's Ministry," *Journal of Pastoral Care* 12: 69, 1958. 原注

2　已故的貝克（Leo Baeck）堅信意義治療法「正是」猶太教的心理治療。此說可以理解之處在於一個如此的事實觀點——他曾經把《妥拉（經）》翻譯為「生命的工作」。（譯按：貝克〔1873-1956〕是一位猶太教的拉比、神學家，曾長期擔任由猶太教改革派的領袖。《妥拉（經）》通常是指《摩西五書》，也可指希伯來舊約全書。）原注

同。心理治療的目的是心理健康。宗教則以救贖爲目的。誠然，如羅斌斯（Howard Chandler Robbins）這樣寫道：「崇拜可以安撫人心。但它不可能在實踐中不被其目的自行擊敗。我們在唱〈謝主頌〉、〈大榮耀頌〉時，不是在祈求治好睡眠障礙，或消除慢性消化不良。我們唱〈謝主頌〉、〈大榮耀頌〉，只是爲了榮耀神。」

毋寧唯是，意義治療法必須讓患者們人人可及，而每一位醫師也都可利用，不論他的世界觀屬於有神論或不可知論。就算沒有其他理由，基於我們從醫以來所發誓遵循的希波克拉底誓詞，人人可及的本質也是必不可少的。

從另一方面來說，心理治療師並不也不該關切患者的宗教生活，但他仍很可能對此有些貢獻，如同非有意的副效果。相關的個案資料已載於《心理治療與存在主義》一書中。[3]

與此可以類比的副產品就是宗教對於心理健康具有難以估計的貢獻。畢竟宗教給人提供的是精神上的停靠站，而在此中的安全感，在別的地方無處可尋。[4]

心理治療與宗教的融合必然導致混淆，因爲這種混淆乃

3　Viktor E. Frankl, *Psychotherapy and Existentialism: Selected Papers on Logotherapy.* 原注

是兩個不同向度之間的舛亂，亦卽人類學向度與神學向度的舛亂。與人類學向度相較的話，神學屬於更高一階，因爲它具有較大的包容性。

那麼，在面對人文世界與神聖世界之間的向度差異時，如何可能讓人承認此差異？爲了理解這種差異，我們只需考量人和動物間的關係卽可。人的世界包含了動物的世界。以某種方式而言，人可以理解動物，但動物不能理解人。所以我認爲人和動物之間的差異比率大約近似於神和人之間的比率。

在我的一本書中，[5] 我詳述了這套類比之說：用一隻猿類來培養出小兒麻痺的血清素，爲此之故，牠被一次又一次穿刺，但牠卻不能夠捕捉到受苦的意義，因爲其有限的智能無法進入人的世界，而那是受苦唯一可以理解的世界。那麼，難道不能想像還有另一個可能的向度，超過人世之上，人類在其中的苦難有其終極意義的問題，終將尋獲一個答案？

我們現在來談另一個例子，狗。如果我用手指指向某

4　Viktor E. Frankl, *The Doctor and the Soul: From Psychotherapy to Logotherapy.* 原注

5　Viktor E. Frankl, *Man' s Search for Meaning.* 原注

物，狗不會看我所指的方向，牠會看我的手指，有時還會咬我的手指。牠不瞭解用手指向某物的語義功能。那麼，人呢？他難道不是有時也不瞭解某事某物的意義，譬如受苦的意義，並且他不也跟他的命運吵架，還反咬它的手指一口？

人不能理解人類受苦的終極意義，因為「只用思想不能揭示最高的目的」，正如愛因斯坦所說。那我就得說，終極的意義，或我更願稱之為上層意義（supra-meaning），已經不再是思想的事情，而是信仰之事。我們不能在知識的基礎上捕捉它，而需立足於存在的平面上，以我們的整個存有，亦即透過我們的信仰。

但我的主張是：對於終極意義的信仰，其前提條件乃是對終極存有的信賴，即對神的託付。[6] 試想想一隻狗──另一隻狗──生病了。你把狗帶到獸醫那兒，而他則給狗帶來痛苦。狗抬起頭來看你，讓獸醫檢查和治療牠。雖然會痛，狗還是安安靜靜。牠不能理解痛的意義，不理解打針、包紮的目的，但牠會看你，就顯示了牠對你無盡無止的信賴，也正由於有此，牠才感到醫師不會傷害牠。

6　在本句中，作者對於「信仰」用的是 faith，以及運用兩次 trust 來加以強調，故譯者依其逐漸上升的語義，分別譯為「信仰」、「信賴」、「託付」。譯注

　　人不能突破人的世界與神聖世界之間的向度差異，但他可以透過信仰而企及終極意義，而其媒介乃是對於終極存有的信賴。但是，有如著名的希伯來悼歌，卡迪什（Kaddish）所言，神乃是「遠遠高過所有在世間發出的祝福與讚美，稱頌與安慰」。也就是說，我們再度碰上向度間的差異，可比擬於海德格所謂的存有論差異，即在事物與存有之間的主要差異。海德格主張存有並非諸事物之中的一物。幾年前有個小男孩告訴我太太說他知道他將來長大後要做什麼。她就問那是什麼，他答道：「要嘛做馬戲團裡走鋼索的特技演員，要嘛就去當神。」他把神變成眾多行業之中的一行。

　　在存有與事物之間的存有論差異，或將其改述為終極存有與人的存有之間的向度差異，防止人真的去談論神。談論神就意謂將存有變成事物。也就意謂物化。但擬人化還是可行。換言之，人不可談論神，但可以對神說話。他可以向神禱告。

　　維根斯坦的名句，用以為他最有名的一本書作結的，是說：「凡人之所不能言者，到此人必須沉默。」此書被譯為多種語言。讓我將此句從不可知論改譯為有神論語言。那就可讀成：「對於那位不可言說者，你就必須向祂禱告。」

　　然而，承認了人的世界和神聖世界之間的差異，不只會減損人的知識，也會增添知識、造就智慧。如果一道難題

無法解決，我們至少要知道它爲何無解。試推敲一下這個說
法：神在曲線上畫了直線。這句話如果只用一個平面來想像
神的畫法，那就是無法設想。畫上直線的意思是安排了諸多
平行的字句，和曲線垂直。在曲線上的那些字句無法平行。
（譯按：圖9是在直線上畫了平行的垂直線。圖10則是在曲
線上畫了不可能平行的垂直線。）但我們若用三維空間而不
是用二維平面來設想，那就完全可能在曲線上畫出許多平行
的垂直線（見圖11）。

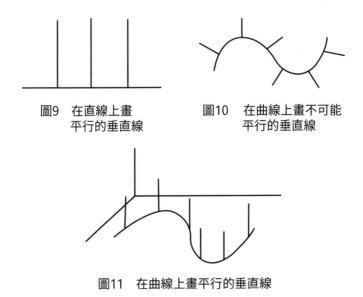

圖9　在直線上畫
平行的垂直線

圖10　在曲線上畫不可能
平行的垂直線

圖11　在曲線上畫平行的垂直線

　　換言之，在人的世界與神聖世界之間，以向度差異爲基礎，我們可採取的是超過蘇格拉底所採取的那一步，因爲他說，他只知道自己無一事能知。現在我們總算知道何以我們不可能凡事皆知。但更重要的是，我們瞭解：某些事情在較低向度上似乎不可能，但在較高向度上則是完全可能。

　　在人的世界與神聖世界之間的向度障礙不可能用啟示之類的話語講講就能除掉。啟示話語不會引發對神的信仰，只因爲以啟示的認知作爲資訊的資源，其中就預設了對神的信仰。對一個不信者的認知來說，啟示根本不是什麼歷史事實。

　　在邏輯基礎上進行的論證不會比歷史基礎上的論證更有效。從恐龍足跡的化石中，你可以推論恐龍曾經存在。但從自然事物當中，你不可能推論出超自然存在。神不是化石。目的論並非人類學與神學之間可信的橋梁。

　　對於不信者來說，歷史與邏輯這兩種論證方式都是絆腳石。但還有第三種，那就是神人同形論（anthropomorphism）。我會把神人同形論定義爲用人類學來談的神學。或者，用比較輕鬆的方式來說，神就像個老爺爺的形象。可以說明這點的實例，就是以下這則笑話：

　　一位主日學校的老師跟她的班級說了個故事：有個窮人，他的老婆因爲難產而身亡。他沒錢請奶媽，但神卻施

展了一次神蹟，讓這個窮人的胸部長出兩顆乳房，於是新生兒可以在此吸奶。不過，有個男生提出反對，說沒必要施展這種神蹟。神爲何不直接安排讓這個窮人發現一個信封，裡頭裝有1,000元，可用來僱請奶媽。但這位老師回答道：「你這個傻孩子。如果神可以施展神蹟，他當然不願把現鈔扔掉。」我們爲什麼會笑？因爲某種屬人的範疇，即可把鈔票存起來，竟被用在神的動機上。

威權主義、唯理主義，和神人同形論，這三塊絆腳石，說明了大部分宗教領域是如何受其壓抑的。我現在有資格來引用一個案例以說明宗教情感如何受壓抑，以及如何可用X光來將它揭露。我是從耶路撒冷希伯來大學的布魯門塔（H. E. Blumenthal）發表的報告上看來的。「（這是）關於一位中年女性（的報告），她因急性大腸炎而被送來醫院。她向X光部門的醫師強調，她不信教，但她的疾病發作，特別是因爲她吃過豬肉。第一次掃描是在大腸鋇劑灌腸造影之後，顯示結腸部位相當正常。第二次也用鋇劑灌腸，並告知其中含有豬肉成分，其結果是引發嚴重的大腸炎。照第三張X光片時將鋇劑混入豬肉，但未告知患者。這次的X光又顯示結腸部位完全正常，而這位女性在此之後不再有大腸炎發作。」[7]

我有一本尚未被譯爲英文的書，[8]其中包括一些在意識上認定自己爲無神論的患者，他們無意識地作了宗教夢。同

時我也看過不可知論的患者，躺在臨終的病床上，知道他們
即將死亡，然而他們仍感受到某種被庇佑的感覺，那是他們
非宗教的生命哲學所不能解釋的。[9] 但也許很可能用一種假
定來解釋，就是我所謂對於終極意義的基本信賴。用愛因斯
坦的定義來說：對於「生命的意義是什麼？」這個問題，若
能給出令人滿意的答案，那就意指有宗教性了。如果我們會
贊同他對這個宗教性的定義，那麼我們就有理由宣稱，人基
本上都是有宗教性的。

　用康德嚴格意義下的超驗主義（transcendentalism）[10] 來

7　H. E. Blumenthal, "Jewish Challenge to Freud," *Here and Now*, 1: 24, 1955,
　　p. 12. 原注

8　Viktor E. Frankl, *Der unbewusste Gott*（譯按：書名可譯為《無意識的神》），
　　Amandus-Verlag, Wien, 1948. 原注。

9　死亡通常拿來和睡眠相比。然而，實際上，死亡過程該比的應是醒過來。
　　這種比法至少可使超過理解的死亡變得可以理解。試想想一位慈愛的父
　　親想用溫柔的撫摸讓孩子醒來。但孩子可能會嚇醒，因為撫摸入侵了他
　　的夢中世界，而其意義是無法設想的。人也一樣，從生命向死亡醒來，
　　帶著一驚。假若在臨床上的死亡之後，他的生命還留存下來，那麼，可
　　以理解的是：他什麼也記不得。醒來的人會記得他作的夢，但作夢的人
　　並不知道他睡著了。原注

10　依我之見，康德的超驗主義已把法則的問題（*quaestio iuris*）轉化為事實的
　　問題（*quaestio facti*），在於他對此一問題「我們是否有理由使用某些範疇」
　　的回答是「我們若無此範疇就會行不通」並且「我們也一向在使用這些
　　範疇」。但他沒理由提的問題就是「我們必須做什麼」。原注

說，人對於意義的信賴就值得稱爲「超驗」的。如果允許我用教誨的理由把事情簡化，那就可說，如果不從空間和時間中知覺，並把這些都應用在因果範疇之中的話，人眞的無法覺知任何事物。到此爲止都是康德。現在轉到我的主張：除非人的存在基礎深處，一直都是沉浸在終極意義的基本信賴中，並且也是從此存有的深處出發，否則人眞的無法動他的一手一足。沒有了它，人就會停止呼吸。連一個要動手自殺的人，也必須相信自殺是有意義的。

因此對意義的信賴以及對存有的信仰，無論它們是否在沉睡中，也仍是超驗的，且因此而不可須臾離也。它們不會廢除。我們討論過的一些案例，它們在其中受到壓抑只因爲人們對自己的宗教情感感到羞恥。這種人受到一種宗教形象的面質，但在其中，人世和神世的向度差異沒經過正確的調整。還有一些人則不是不在意這種向度差異，而是根本沒意識到。我是指有些人堅持認爲只有可觸可摸的事物才是眞的。他們甚至無法意識到體質現象與心因現象的向度差異。但這種人很可能會因爲他們一向所持的預設被指出而突然頓悟。讓我來把這觀念說明白。

在一次討論的情境中，有個年輕人問道：談論靈魂是有道理的嗎──既然靈魂是不可見的？他說，就算我們用顯微鏡來探視腦組織，我們也永遠看不見這叫做靈魂的東西。這

時主持人要我來處理這問題。於是我接手過來，問這個年輕
人，提這問題有什麼動機？他答道：「我在知識上的坦承。」
「那好，」我進一步向他挑戰：「你說的是身體上的嗎？是可
摸到的嗎？那是在顯微鏡裡可看見的嗎？」「當然看不見，」
他承認：「因爲那是心理上的。」「啊哈，」我說：「換句話
說，你用顯微鏡作的探視之所以徒勞無功，是因爲你在追尋
時所用的條件，以及你一向所持的預設，對吧？」

　　當海德格到訪維也納時，那是他有生中的第一次，他給
了一個私下的座談會，只有十幾人參加。當晚哲學系的G教
授和我帶海德格到一家維也納酒坊（典型的酒廠，同時也賣
自己釀造的酒）。我們都是夫妻同往。由於G教授夫人沒有
專業的哲學背景，而是先前的歌劇名手，她問我可不可以用
白話把海德格在座談會講的結果告訴她。我即席講了一個
故事：「從前從前，有個人站在望遠鏡後面，覺得很沮喪，
因爲，如他所說，他已經來回搜尋了好幾遍太陽系的某顆行
星，但一直找不到。具體說，他找的行星叫地球。有個朋友
推薦他去問一位哲人，叫海德格。「你在找什麼呢？」海德
格問那位天文學家。他答道：「地球啊！」那人帶著怨意：
「可我在整個天體中都找不到。」「那我可想問你，你把三
腳架架在哪裡？」海德格追問。他立刻回答：「地球啊，當
然。」「OK，」海德格結論道：「這兒就是了。」

　　一個人一直在追求什麼，我再說一遍，就是他所預設（presupposed）的——這個字拆開來講，就是：把追求（pre）在底下（sup）放置（posed），而這是在開始追求之前就已經放好的。

　　海德格要求我允許他在他的講座中使用這個場景。他讓自己遵循字源學的引導。那我為什麼不可以遵循類比法的引導呢？

　　人把現實限於看得見摸得著，並且以此為由，就總是會**先驗地**傾向於否定終極存有的存在，並且壓抑了宗教的情感。有些人過於老練以致不願擁抱天真宗教概念，另外一些人就是過於不成熟以致無法超越原始的認識論。他們堅持說神必須是可見的。但如果他們有機會站上舞台，他們可能有機會學到教訓。由於聚光燈投射之故，他們看不見舞台下的觀眾。觀眾席上不是一片人海而是一顆大黑洞。他看不到正在看他的一群人。而人也一樣，站在生命的舞台上，扮演一個人生的角色，看不見自己是在誰的面前演這角色。他看不見他是在誰面前有責任把這角色演好。在刺眼光芒下的前台，上演著日常生活，他有時會忘記他正被人瞧著，有人藏在暗暗的包廂裡瞧著他，那些人「用黑暗作為藏身之所」，正如《詩篇》所言。而我們常禁不住想提醒他，幕起之時，他的一舉一動都被人看著。

在北朝鮮的戰俘營裡，他們告訴戰俘，若不聽從洗腦，他們將會死無人知，而他們的英雄生涯也就變得灰飛煙滅。對於一個毫無宗教性的人而言，英雄之舉如果得不出任何東西，並且沒有一個人知道這回事，那定是毫無意義。[11]

那個巨大的黑洞裡填滿了符號。人有能力創造符號，並且也是需要符號的存有。他的語言就是個符號系統。他的宗教也是如此。於是在語言為真者，在宗教亦然。也就是說，人沒有理由出於優越感而宣稱一種語言優於另一種語言。因為每一種語言都有可能抵達真理之所在——抵達其唯一的真理，於是同樣可能的是每一種語言都會犯錯——也都會說謊。

我不認為宗教本身會離這樣的潮流走向很遠。但我認為此一走向會遠離某些宗教，或毋寧說是教派，因為那些宗派的領導人最關心的只是如何跟其他教派互相攻訐。這是《時代》雜誌地方分社記者打電話來問我一個問題時，我給的答覆。他問的是什麼問題？——某次封面故事的標題：「神死了嗎？」我就先問：總編最後是否會把神選為該年度的「風雲人物」？

11　Joost A. M. Meerloo, "Pavlovian Strategy as a Weapon of Menticide," *American Journal of Psychiatry* 110: 809, 1954. 原注

　　在我指出那個潮流走向離宗教不遠、只離各別教派所強調的差異很遠時，那位《時代》記者就問我，那遠離各教派的潮流是不是有利於某種普世宗教？可是，我斷然否認此說。毋寧是反過來說才對。這潮流既已流向深刻個人化（personalized）的宗教，於是每一個人都會抵達他自己的語言，在自己與終極存有對話時，找到他自己的字眼。

　　但是，眼前的課題呢？神死了嗎？我會說：神沒死，只是沉默了。沉默，但他一直都在。這個「活著」的神一直是「隱藏」的神。你不能期望他回你的電話。如果你想探測海的深度，你會送出聲納，然後等待海底的回音。然而，如果神存在，他是深不可測，因此你就等不到回音。這個等不到回音的事實，證明了你送出的訊息抵達了收信人，也就是無窮無盡。

　　如果你仰望天空，你是看不見天空的，因為你在天空中所見的並非天空本身，而是把天空隱藏起來的背景反差，你看見的是雲朵。那無限高之處，謂之天空——神之道高於人之道，正如天空之高於大地——從那無限高處，沒有光線反射，正如從無限深處，也不會有回音。

　　奧波特在他的名著《個人及其宗教》一書中談到印度宗教時，指出那是非常深刻的個人化宗教。其中有「各式各樣的神祇概念，各存人心，甚至同一人的不同時期也各不相

同。當我們需要情感時，神就是愛；需要知識，祂就是無所不知；需要安慰，祂賜予超乎理解的和平。當我們有罪時，祂乃是救贖者；當我們需要引導，祂乃是聖靈。在此我們會想起印度宗教裡一種很有意思的儀式：在大約16歲到18歲之間，年輕人會從老師那兒得到一個神名，從此以後，此神將一輩子為這個年輕人服務，作為他私人祈禱的工具，也讓他自己跟此神綁在一起。在此習俗中，印度教承認這位入教者自己的氣質、需求、能力絕大部分必定會決定他對宗教真理的態度。在這樣的信仰實踐中，我們看見了一個罕有的實例，看見體制宗教承認了此宗教情懷中的終極個體性（ultimate individuality）。[12] 在印度，一個人不只是擁有適合自己需求的神名；他還同時必須嚴守師教，即此名必須保密到底，就算對自己的密友、配偶都不可透露。分析到底，可知每一個人都得單獨面對他的神，而我們也很能理解，特別是處在擁擠的家屋和社區之中，其所象徵者正是那帶著祕密封印的事實。」[13]

---

12 奧波特本人的用詞如此。對於「終極的」一詞，用來指個人的宗教情懷，這當是遵循了神學家田立克所創的定義：信仰乃是人（或個人）的終極關懷。譯注

13 Gordon W. Allport, *The Individual and His Religion*, The Macmillan Company, New York, 1956, pp. 10 ff. 原注

　　這是否意謂各個教派，或在宗教領域中，就此事而言的種種組織和體制將會消失？絕非如此。不論個人的信仰風格有多歧異，不論人在其中如何表達自己、如何向終極存有求告，終究還是有許多象徵是與人共享的，而共有的象徵庫存也就會永遠留存。難道語言不也是這樣──縱然各自歧異，但擁有的字母還都是一樣的？[14]

　　到了結論，讓我先提醒自己的身分是個醫師。每天每天，我都在面對一些無可救藥的人，衰老的男人，不孕的女人。他們向我圍攻而來，以哭喊求問著一個問題：受苦的終極意義何在？

　　我自己經歷過這樣的煉獄，是當我發現我被關進集中營，且遺失了我第一本書的第一版手稿。不久之後，我自己的死亡也似乎迫在眉睫時，我自問我這一生究竟是為了什麼。沒有什麼東西留下來，可以讓我倖存。我沒有自己的子女。甚至連精神的孩子都留不住，譬如那手稿。但在一陣子絕望的折騰，以及在傷寒發燒中的顫抖之後，我最終的自問是：有哪種意義可以取決於我的書稿有沒有出版？我完全不在乎這些。但若其中有意義，它必須是無條件的意義，無論

14　作者在此用「一樣的字母」來作為論證，表明了印歐語系確實共有相同的語言基礎，但把漢語放進來就顯得牽強了。譯注

是受苦乃至死亡，都不會影響分毫。

而我們的患者所需的就是對於無條件的意義能有無條件的信仰。記得我說過的生命無常。在人的過去中沒什麼是永遠失去不可挽回的，所有的一切都是不可取消地保存著。一般人只看見無常之中的殘枝斷梗而忽略了過去的整個穀倉，在其中，人進進出出，搬運貯存的，都是他們的稻麥。

但，談到那些不幸的人物，他們的穀倉可以說是空的，那些衰老的男人、不孕的女人，以及那些藝術家和科學家，他們的桌上和抽屜裡也都是空的，而不是堆滿手稿。他們又該如何？對於無條件意義的無條件信仰也許可把這場失敗反敗為勝。這樣的事情之可能，在今天不僅已由許多患者證實，即在往古的聖經時代，也由巴勒斯坦某地的村夫證實過。他確實有個穀倉。並且其中也實在是空的。然而，出於對終極意義的無條件信賴，以及對終極存有的無條件信仰，村夫哈巴谷如此唱出他勝利的頌讚：

「雖然無花果樹不發旺，葡萄樹不結果，橄欖樹也不效力，田地不出糧食，圈中絕了羊，棚內也沒有牛；然而，我要因耶和華歡欣，因救我的神喜樂。」[15]

但願這就是從本書中可學到的教訓。

---

15 《舊約・哈巴谷書》(3: 17-18)。譯注

後話
意義治療法的去大師化作用

Afterword: The De-Gurufication of Logotherapeutic

1980 年聖地牙哥第一屆世界意義治療法大會開幕致辭

　　為了 1980 年在聖地牙哥舉行的意義治療法第一屆國際研討會，我受邀作了開場演講。主辦人對於這場演講的形式給了個很特別的題目。他要我詳述（我這就把題目抄在此處）：「對於我過世之後的意義治療法，我自己有何遠見？」換言之，是要我唱出我的天鵝之歌，說出我最終的觀點，讓這遺產先儲存起來。但我並不是先知，不能預見意義治療法的未來，更有甚者，我根本不是個大法師（guru）[1]，可頒布教令來制訂它未來應該如何。因此我實際上為這場演講

1　Guru 原是指印度教受人敬拜的大法師，在漢語世界中這種身分本來只用於宗教界，但今日則已浮濫使用於三教九流，簡稱「大師」──這似乎更接近於作者想要「除去」的名號，因此將 de-gurufication 譯作「去大師化」。譯注

所訂的題目是「意義治療法走向去大師化（de-gurufication）之途」，因為意義治療法的未來是要靠所有的意義治療師來決定的。

我是布拉格一位傳奇拉比，人稱馬哈拉爾（Maharal of Prague）[2]的後代子孫。這位拉比經由小說《戈蘭》（the Golem）以及據此拍成的幾部電影而聞名於世。他是當時奧地利皇帝的密友，而「戈蘭」則是拉比用泥土造出來的機器人。不過，從他到我，中間經過十幾代，使我和這位受人尊崇的祖先隔得很遠，同時，任何關於製造機器人的事情都已消失殆盡。我既沒有製作機器人的癖好，也沒興趣飼養鸚鵡來讓牠模仿主人的聲音。但我確實希望意義治療法的使命與精神，在未來可由獨立的、有創意及革新之志的意義治療師傳承下去。意義治療法把人視為追尋意義並對充實意義負有責任的存有。意義治療法對自身指派的任務就是讓人意識到自己「有責任」，且正在於他自身「能有所反應」。[3]這樣的意識對

2　馬哈拉爾（Maharal）是「Moreinu ha-Rav Loew」的縮寫，意指「我們的導師」。這位拉比的全名為Yehuda ben Betzalel Loew。前文曾提及。譯注

3　「有責任」的原文是「responsible-responsibleness」，在字面上都含有「能有所反應」的意思，中文的「責任」在語義上則比較強調「接受責令，必須完成任務」——前者主動、後者被動，這樣的語義差異，也是文化差異，在此特予以指出。譯注

於意義治療師本人來說，也應是他的責任。換言之，他必須
以獨立自主的精神來作爲他的特色。

在對抗「威權主義」的指控上，爲意義治療法辯護者，
可歸功於布爾卡（Reuven P. Bulka）。[4] 另外，在最近一本討論
意義治療法的新書中，作者盧卡斯（Elisabeth S. Lukas）這樣
說：在整個心理治療史上，從未有個學派像意義治療法這般
開放和反對教條化。事實上，意義治療法可以逕稱爲一種
開放體系。總之，如同西班牙哲學家迦塞特（Ortega y Gasset）
所言：「體系卽是思想家的肺腑之言。」（*el sistema es el honradez
del pensador*）。[5] 而托瑞樓（J. B. Torello）[6] 更是毫不猶豫地宣稱：
在心理治療史上，意義治療法直可視爲最後一個能以有系統
的組織而建起結構，並發展傳承的學派。

這些都沒能把我從「意義治療法之父」的名義上扯
開──那是《存在精神醫學》學刊給我的封號。而拉丁名言
所說的「父親身分從未確定」（*pater semper incertus*）卻不適用

4　Reuven P. Bulka, "Is Logotherapy Authoritarian?" *Journal of Humanistic
　　Psychology* 18（4），1978，45–54. 原注

5　作者把 *el honradez* 譯作「驕傲／自豪」（pride），但此字所對應的英文應
　　是 honesty（誠實），故結合以上兩義，譯爲「肺腑之言」。譯注

6　J. B. Torello, "Viktor E. Frankl, l' homme," in Viktor E. Frankl, *La psycho-
　　therapie et son image de l' homme*, Paris, Resma, 1970. 原注

於我們所關切的意義治療法。不過，我之所以身為意義治療
法的父親，或讓我們直接改稱意義治療法的創立者，確實不
多於奠定基礎的意思；而這基礎，反過來說，也就不少於把
邀請廣傳給他人，以便繼續建設這個基礎工程。閱讀又一讀
再讀我的書，會使人省卻重新發明意義治療法的工夫，也省
掉他們的時間，讓它進一步發展。

　　意義治療法的體系乃是往兩方面開放的：一則是往它自
身的演化方向，同時也往其他學派的合作方向。這種雙向開
放已經果實累累，其事實證據就在於直至目前為止，已有不
下40位作者（我自己不算在內）寫出了57本討論意義治療
法的書、以15種語言出版，更別提討論同樣題材的博士論
文已有112本。以上所有的作者都以不同層次邁向精錬，涵
蓋的光譜從通俗化（含庸俗化）的文獻到經驗取向，甚至以
實驗為基礎的著作——而他們的方向各不相同。由於觀點相
異有時會導致結果互相紛歧的現象，我們也不禁會問：「哪
些仍然是，而哪些已不再是，意義治療法？」若要簡單回答
這個問題，我會這樣說：意義治療法的純正版本就在你們看
到的，我寫的書裡。但若要向意義治療師的社群作出告白，
那也未必需要以弗蘭可博士所說所寫的一切來作為背書。

　　讀者只能運用他自己讀過且信服的東西。你不可能用
任何連你自己都不信的東西來說服別人。這尤其適用於意

義治療師的信念，即生命自有其意義，甚至是無條件的意義，直到生命的最後一刻、嚥下最後一口氣，而人也一樣可對死亡本身賦予意義。當讀者確實願認同此信仰時，他就可以在我的著作中找到他所需要的所有論證，來加強此一信仰。假若有後者這種傾向，即生命有無條件的意義，我們就可以把助人專業重新定義，這種專業被要求更為具體地幫助前來求助的患者，看看他們對於在自身生命中尋求人的意義有何基本而終極的抱負。這麼一來，那些屬於助人專業者就可在回顧中發現自己這一生所從事的志業和使命何在。當《美國名人錄》（*Who's Who in America*）的編輯請我用幾行字來扼要說明我這一生，我就寫了幾行，你大概猜得到：「我所看見我這一生的意義，就在於協助他人去看見他們的一生有其意義。」

意義治療法的演進不只涉及它在各領域中如何應用，也與各領域的基礎有關。很多作品都已作出來了，是一大群作者的貢獻，他們強化了、合作成了，也證實了許多發現，而那些發現長久以來是奠基於一個人單獨的直覺背景之上，或說得更明確，就是一個名叫維克多・E・弗蘭可的青少年，他的直覺。現在，意義治療法已經成為在研究基礎上建立的科學，其根據有三：（1）測驗，（2）統計，（3）實驗：[7]

1. 到目前爲止，我們已有十種意義治療法的測驗，
分別由貝克曼（Walter Böckmann）、克倫堡、丹薩特（Bernard
Dansart）、基歐吉（Bruno Giorgi）、哈卜拉斯（Ruth Hablas）、
賀湊（R. R. Hutzell）、科瓦奇克（Gerald Kovacic）、盧卡斯
（Elisabeth S. Lucas）、馬侯力克、史塔克（Patricia L. Starck）所發
展。

2. 至於統計方面，我們可指出的研究成果分別由以下
諸位所主持：布朗（Brown），卡西安尼（Casciani），克倫堡，
丹薩特，德拉克（Durlak），克拉托啟維爾（Kratochvil）盧卡
斯，藍司佛（Lunceford），梅森（Mason），邁爾（Meier），墨
菲（Murphy），普藍諾瓦（Planova），波毗也斯基（Popielski），
李其夢（Richmond），羅伯茲（Roberts），路賀（Ruch），撒力
（Sallee），史密斯（Smith），雅內爾（Yarnell），和楊（Young）。
他們的作品構成了經驗證據，證明人確實可找到並充實其人
生中的意義，不論其性別或年齡，智商或教育背景，環境或

7　自從本書寫出之後，對於意義治療法的經驗研究已有可觀的成長，請參
見貝提陽尼與谷特曼（Batthyany and David Guttmann）所編的《意義治療法
與意義取向心理治療的經驗研究：詳註書目》（*Empirical Research on Logo-
therapy and Meaning-Oriented Psychotherapy: An Annotated Bibliography*. Zeig, Tucker
& Theisen, Pheonix, AZ, 2005.）。原編者按

性格結構，以及最終不論此人是否信教，而若是的話，也不論他信的是哪個教派。這些作者們用電腦計算過從成千受試者取得的上萬筆數據，為的是要發現經驗證據，來證明生命中無條件的有意義潛質。

但也有其反面發現，即無意義感，或者，更好的說法是由此而滋生的智因精神官能症，統計中同樣出現了許多證明。我指的是某些研究計畫，它們雖然是各自獨立進行，卻達成了一致的結論，即大約有20%的精神官能症在本質上及來源上都屬於智因的。就是以下這些作品：巴克利（Frank M. Buckley），克陵格（Eric Klinger），朗根（Dietrich Langen），盧卡斯，倪包爾—柯茲德拉（Eva Niebauer-Kozdera），波毗也斯基（Kazimierz Popielski），普利爾（Hans Joachim Prill），托爾（Nina Toll），沃爾哈（Ruth Volhard），以及渥納（T. A. Werner）。

3. 談到實驗，那就是：L・索里雍（L. Solyom），旮紮—培瑞茲（F. Garza-Perez），列德維基（B. L. Ledwidge），C・索里雍（C. Solyom）[8]等人最早合作提出的實驗證據，支持意義治

8　L. Solyom, J. Garza-Perez, B. L. Ledwidge and C. Solyom, "Paradoxical Intention in the Treatment of Obsessive Thoughts: A Pilot Study," *Comprehensive Psychiatry 13*（3）, 1972, 291–297. 原注

療法中的弔詭意向技法是有效的。晚近則有艾舍（L. Michael
Asher）與透納（Ralph M. Turner）的研究，[9] [10] 該研究完成了一
項有控制組的效度檢驗，證明弔詭意向技法在與其他行爲策
略相較之下，具有臨床上的有效性。

　　我們儘管可以欣賞意義治療法已有這麼多的科學基礎
研究，但也意識其中所付出的代價。我很懷疑意義治療法
是否已經因爲變得太科學以致無法在它眞正的意義上流行起
來。很諷刺的是，由於它太具革命性以致無法完全被科學界
接受。這並不令人驚異。意義的意志這個觀念作爲人的基本
動機而言，無異是對當前種種動機理論搧了一記耳光，因爲
那些都仍是以平衡原則爲基礎，把人視爲這樣一種存有：只
爲了滿足驅力與本能、爲了滿足需求，而這些都是爲了維持
或恢復內在平衡，也就是一種沒有緊張的狀態。於是他好像
在愛他所有的伙伴，好像在爲種種使命效力，但那些都只不

9　　Ralph M. Turner and L. Michael Ascher, "Controlled Comparison of Pro-
　　gressive Relaxation, Stimulus Control, and Paradoxical Intention Therapies
　　for Insomnia," *Journal of Consulting and Clinical Psychology 47*（3）, 1979,
　　500–508. 原注

10　　L. Michael Ascher and Ralph M. Turner, "A Comparison of Two Methods
　　for the Administration of Paradoxical Intention," *Behav. Res. and Therapy
　　18*, 1980, 121–126. 原注

過被他視爲工具，目的在於去除驅力、本能與需求所引起的緊張，也只當未得滿足與未獲允許之時才會如此。換句話說，自我超越，也就是意義治療法認定的人類存在本質，在當代的動機理論所扶持的人類圖像中，竟然全部付諸闕如。然而，人既不是只會發洩他的本能，也不只會對刺激起反應，而是一種能夠在世界中行動的存有，亦卽「在世存有」——我這是在讓自己善用（經常被人誤解的）海德格用語，而人所在的世界，乃是充滿他人、充滿意義的世界，他之所以超越，唯此是賴。但我們如何能夠應付我們這個時代因爲意義意志的挫敗而致根深柢固的疾病與苦厄——除非我們能拿聚焦於意義意志的觀點，來作爲人的動機？

然而，意義治療法之所以具有革命性，不只在於其意義意志的觀點，還在於生命有意義的概念。確實的，意義治療師打破了一種禁忌：在莫斯理（Nicholas Mosley）的一本小說中，他寫道：「在今日有個禁忌主題，有如從前把性事說成禁忌一樣，就是把生命說成有任何意義。」[11]意義治療師確實是冒著險把生命說成有意義的一回事。不用說，這是針對智因精神官能症而言的必要主張，或說，就是存在挫敗那回

11　Nicholas Mosley, *Natalie Natalia*, New York, Coward, McCann and Geoghegan. 原注

事。在此，意義治療法將自身歸爲一種特殊的治療法，或以
專業醫療的術語來說，「方法上的首選」。

　　接下來的問題就是：在某一特定的案例上如何決定用什
麼治療法。要說出這方法的首選，我會不厭其煩地這樣說：
在每一個既定的案例上，都會歸結於一道含有兩個未知項的
公式：

$$\Psi = x + y$$

　　X代表患者的獨特人格，y則代表治療師同樣獨特的人
格。換言之，不是每一種方法都可運用於每一位患者，且
都能獲致成功。至於要如何針對個案來調整方法，著名的精
神科醫師畢爾德（Beard）曾說：「如果你在診治兩個精神耗
弱個案時，用了同樣一種方法，那麼你至少誤診了其中一
位。」至於要針對治療師來調整方法，另一句常被引入精神
醫學方法的經典名言就這麼說：「這種技法已證明是唯一適
用於本人個性的方法；我不至於膽敢否認，和我性格相當不
同的醫師可能會覺得有必要採取不同的態度來對待他的患
者，以及在他跟前的工作。」講這段話的人是佛洛伊德。[12]

　　意義治療法不可變得過於個人化。方法必須經由人到
人、情境到情境來加以修正。意義治療師必須不只是個人

化，還需能即興演出。這些技能可從治療師身上學得，最好
是在教室裡的個案討論，但也可透過閱讀出版物來習得。相
信我，在全世界裡最好的意義治療師當中，有些是我從未謀
面，也從未跟他們書信往來的。然而他們轉身化作出版物，
道出他們如何成功地運用了意義治療法，而他們的基礎完全
是由於讀過我的書！甚至有些人只在讀過一本討論意義治療
法的書之後，就獨自經營了一套成功的意義治療法。他們值
得走上開創的道路，我們也可稱他們為「自己讀來的意義治
療法」（auto-biblio-logotherapy）。

　　由以上我所說過的話，就可順理推出「意義治療法絕非
萬靈丹」。由此再往下推，可知意義治療法不僅「往其他學
派的合作方向開放」，同時還非常歡迎與鼓勵跟其他學派的
技法結合。如此一來，其有效性才能擴大和延展。也許布洛
雅（Anatole Broyard）[13] 說得對，當他對我的一本書寫評論時
說：「如果『縮水』是用來批評佛洛伊德派分析師的俚語，
那麼，意義治療師就該說是『鬆開』。」那就讓我們把意義
治療法儘量鬆開。更好的說法應該是：讓我們繼續這麼做

12　Sigmund Freud, quoted from *Sandoz Psychiatric Spectator, 2*(1).（譯按：
　　本句引言也出現在第5章〔該章原稿第7頁〕。）原注

13　Anatole Broyard, *The New York Times*, November 26, 1975. 原注

下去。

但方法還不是故事的全貌。心理治療永遠要多過於只談技法，而它之所以會延展到如此地步，是因爲其中必然包含了智慧的因素。藝術與智慧的結合構成了整體，在其中，一些二分法如技法與會遇的切割，就自然消解於無形。像這種極端條件，足以形成心理治療介預的活力基礎者，只在特殊情境下才能發生。通常來說，心理治療當中包含了兩種成分——一方面是策略，另方面就是「我—你」關係。

有一位美國女孩，[14] 在維也納學音樂的，來找我作分析。由於她講的話帶有很重的俚俗腔，我幾乎一個字都聽不懂，我就嘗試把她轉介給一位美國醫師，以便讓他搞清楚她要來找我諮詢的動機何在。不過，後來她沒去找那位美國醫師。有一次我們碰巧在街上相遇，她向我解釋道：「你看，醫師，在我跟你說過我的問題之後，我覺得輕鬆下來，就根本不再需要求救了。」所以直到現在，我仍然不知道她爲何來找我。

在另一極端的情形，則如以下故事所述。[15] 1942 年，有

14　Viktor E. Frankl, *Psychotherapy and Existentialism: Selected Papers on Logotherapy.* 原注

15　同上注。原注

個早上，我接到蓋世太保的電話，命令我到總部報到。我到了那裡，心想會立即被送往集中營。有一個蓋世太保成員在他的辦公室裡等我，並開始一串交叉審問過程。但沒多久他就改變話題，開始問我譬如這樣的問題：「心理治療是什麼？」「什麼是精神官能症？」「恐慌症的患者要如何治療？」然後他開始詳述一個特定的案例——一個「他朋友」的案例。當時，我就猜測他想拿來跟我討論的，是自己的案情。我馬上開始進行短期治療（更仔細說，就是運用意義治療技法中的弔詭意向）；我建議他告訴「他的朋友」該這樣或那樣，以防焦慮發作。這場療程不是基於「我—你」關係，而毋寧是「我—他」關係。這名蓋世太保把我留在那裡好幾小時，而我就持續以這種間接的方式治療他。這段短期治療到底有什麼效果，我自然不會得知。對於我的家人和我自己來說，那卻是救命的時刻，因為我們獲准在維也納多待一年，才被送往集中營。

　　我想要表達的其實是：技法一定不可用輕忽的方式來打發。至於意義治療法之中的弔詭意向，艾舍說它是某種特別的東西，這也許是對的：「大多數治療方法都有其特殊的技法，而這些各自的技法對於其他的治療體系而言，也許是無用的，或是無關的。但在這些觀察之下，有一個值得注意的例外，那就是弔詭意向。它之所以是例外，因為許多專業治

療師代表著諸多互不相干的心理治療方法，他們都已把這種
介預方式涵攝（incorporate）在其體系中，不論就實踐而言，
或就理論而言。」[16]

我並不反對這樣的「涵攝」。總之，意義治療師對待患
者的方式不是「增益意義治療法的榮耀」（ad maiorem gloriam
logotherapiae），不是只爲了將意義治療法發揚光大，而是爲
了能有益於患者。

但現在，與其是要向前看到意義治療法的未來，我們毋
寧是要往後看看它的過去。在眼前出現的是黑可爾（Haeckel）
的生物發生法則（biogenetic law），據此法則來說，個體發生
史乃是物種發生史的簡縮版，此一說法也適用於意義治療
法，即所謂的「維也納心理治療的第三學派」（有些作者就
這麼稱呼它）。以某種方式來看，我是隸屬於佛洛伊德學
派和阿德勒學派的。在讀高中時，我和佛洛伊德通信，而
在讀醫學院時，我去拜訪他。早在1924年，他就把我的一
篇文章刊登在他的《國際精神分析學刊》上，而不到一年
的1925，我的文章也登上在阿德勒的《國際個體心理學期
刊》。無可否認的是，兩年之後，他堅持把我逐出阿德勒學

16　L. Michael Ascher, "Paradoxical Intention," *Handbook of Behavior Inter-*
ventions, A. Goldstein and E. B. Foa, eds., New York, Wiley, 1980. 原注

派——理由是我太不正統了。

那麼，關於一個說法是這樣的，就是：每位心理治療學派的創立者，分析到底，都是以他的體系來描述他自己的精神官能症，並且用他的書來寫他自己的個案史，這說法該怎麼看？當然，我沒資格在本文中對佛洛伊德或阿德勒品頭論足，但若談的是意義治療法，我早就要告白：從年輕時代起，我穿過一道絕望的地獄，認定生命顯然毫無意義，通過徹底的、終極的虛無主義，直到我發展出抗體來對付虛無主義。我發展出意義治療法。很可惜，其他的作者們不僅沒有為他們的讀者注射虛無主義的疫苗，反而用他們自己的犬儒主義來幫他們接種，而那是一種防衛機制，或是一種反動形成，加以增強，是為了對抗他們自己的虛無主義。[17]

很可惜，因為在今日，比起往昔而言，對於生命了無意義的絕望感實在有過之而無不及，而這也已經成為一個全球性的迫切課題。我們的工業社會正在滿足每一種需求，而我們的消費社會甚至創造出某些需求，只為了讓它們得到滿足。然而，最重要的需求，即對於意義的基本需求，卻仍然維持著（大多數時候皆是）受人輕忽和無知的狀態。而它之

17　Viktor E. Frankl, *The Unheard Cry for Meaning: Psychotherapy and Humanism*, New York, Touchstone, 1979. 原注

所以如此「重要」，是因爲一旦人充實了意義的意志，他就會變得有能力承擔苦難、對付挫折與緊張，以及，在必要時，他會準備好奉獻他的生命。只要看看有史以來直到今日的各種政治抵抗運動就知道了。從另一方面來看，如果人的意義意志受挫，他也一樣傾向於拋棄自己的性命，而他作出此舉時，也許正處在或不顧周圍的一切富足福利條件。只要看看在典型的福利國家（譬如瑞典和奧地利）中那些驚人的自殺人數，即可見一斑。

　　十年之前，《美國精神醫學期刊》中有一篇對我的書所作的評論，把意義治療法先認定爲「對無條件意義的無條件信仰」，然後提出一個問題：「當我們進入七〇年代時，還有什麼比這更貼切的？」進入八〇年代後，沃斯（Arthur G. Wirth）[18] 表達了他的信念：「意義治療法和關鍵的過渡期特別有關，」這話的意思是指過渡到「後石油社會」（a post-petroleum society）。事實上，我相信能源危機對我們所呈現的不只是一場危機，也是一個機會。它帶來的誘因讓我們對於手段的強調轉換到意義，從物質的享受轉換到存在的需求。事實上確有能源短缺。但生命不可能有意義短缺。果眞有的話，正如某些作者所主張的，已有一場「意義治療法運動」發生了，而那當然屬於人權運動。焦點就在於人權應是儘可

能讓生命有意義。

　　在我的第一本書，我所給的結論是一句話：意義治療法「是一片無人之地。然而——那是怎樣的一片許諾之地！」那是多年以前的事了。在此同時，這片「無人之地」已經住滿了人。而其中居民的作品也證明了「許諾」已經朝著實現的康莊大道邁步前進了。

18　Arthur G. Wirth, "Logotherapy and Education in a Post-Petroleum Society," *The International Forum for Logotherapy 2* (3), 1980, 29–32. 原注

要獲取更多資訊，包括意義治療法的近期文獻與書目，請上網站http://www.viktorfrankl .org/ 查詢。

Viktor E. Frankl 的其他著作：
* Man's Search for Meaning: An Introduction to Logotherapy
* The Doctor and the Soul: From Psychotherapy to Logotherapy
* The Unheard Cry for Meaning: Psychotherapy and Humanism
* Recollections: An Autobiography
* Man's Search for Ultimate Meaning
* On the Theory and Therapy of Mental Disorders: An Introduction to Logotherapy and Existential Analysis
* The Feeling of Meaninglessness: A Challenge to Psychotherapy and Philosophy

譯者筆記　幾則

　　我在1977年完成的碩士論文中曾多次引用弗蘭可[1]及其他存在主義心理學的著作。這篇碩士論文，在一位早稻田大學博士生的文獻探討下，發現是存在主義心理學的「中文文獻」中，最早出現的一本。可是我自己曉得，距離弗蘭可這本書的初版發行（1969），已經晚了8年——這在當時的世界思潮和台灣的反應上算是正常的時差。因為傳播通常都需經過中文翻譯，卽令能閱讀原文，在資訊獲得上也總是因為

1　Frankl這名字在本書譯為「弗蘭可」，和已經出版的許多中譯本Frankl作品不太一樣。對於西方人名的中文翻譯，原則上應採取儘量接近原文的發音（而不是用英文的發音來胡亂湊合），於是，注意到這字尾的kl，在德文中既沒有母音，就不應用重音「克」來翻它。因此，讀成「弗蘭可」就會比「法蘭克」「傅朗克」更「接近原文的發音」。

人為的障礙而慢幾拍。到底是什麼**障礙**？我以自己接觸弗蘭可著作的經驗來說，也就是在準備寫碩士論文的1976年前後，以存在主義心理學為標的，找遍台北所有的圖書館，也只能找出不到5本。後來由於一位加拿大籍的神父，李安德教授，讓我借用他的私人藏書，才找到27本。圖書館藏書不夠用，正好顯現了我們的高等教育體系的資訊相對於當代思潮的落後現象。很不可思議的是，就包含存在主義心理學的更大範圍來說，即人本主義心理學（humanistic psychology）的思潮，在我們開始對它有反應的時候，它的原生地（美國）卻已經開始退潮。到了八〇年代，我踏上美國的土地去取經時，整個衰退的現象已呈不可挽回之勢。那麼，又過了40年，我們還來出版這種古典作品的翻譯本，到底是為了什麼？或甚至可問，這有什麼意義？兩世紀的後知後覺，或半世紀的落後，就是中文世界對於兩波現代化潮流的反應實情。前一波是指清末民初的，其中總有我們自己沒法開啟，也沒法順利跟隨的難關。我們當時的整體心智狀態，要談生命意義的問題，比起作者以及他所活躍的世界及其傳統而言，就是呆滯、僵化、腐朽、沉淪，以致我們的語言也變得障礙重重。我們根本無法回答「這有什麼意義？」的問題，因為「意義」一詞，在漢語傳統中出現時，跟現代漢語所表達的，完全不是同一回事。我們必須知道這個根本的問題

有多嚴重。譬如「意義」如此出現：《三國志・卷二八・魏書・王淩傳》：「旌先賢之後，求未賢之士，各有教條，意義甚美。」這句話中的「意」「義」兩字必須分開來解釋，不等於現代漢語的「意義」。這樣的情況是說其中有「意」，而此意之「義」甚美。也就是說，後一個「義」接近於現代漢語的「意義」，但前一個「意」是指一種「意思」，是「義」之所指，也是「義」之所本，這樣結合而成的「意義」一詞，從未成為現代漢語以前的通用語詞。「本意」指人本來的心意；「本義」指語詞本來的意思。上舉《三國志》中的「意義」只能算是兩字的巧合，後來它也從來沒有成為一個可以獨立使用的「語詞」，直到現代漢語出現。

以上這段可能稍嫌拗口的字義分析，旨在說明：前現代漢語既然沒有「意義」一詞，當然不可能用前現代文獻來說明或解釋「有什麼意義」的問題。所以我們確實都不能以自主的方式來回答「我們的生命是否有意義」。雖然文獻無法用來證明，但我們很難相信我們的語言中不會產生這樣的疑問：「活著到底有什麼意思？」——這句話裡的「意思」和「意義」沒什麼差別。

我在新竹高中開始擔任輔導老師（那時的正式職位是「訓育組長」兼「指導活動執行秘書」，1974年，有文可憑，就是台灣的中學產生輔導老師的起點），碰到的第一位來談

者，劈口問的就是「生命有什麼意義？」——他的用語如此。談話過程中，幾乎沒有交集，後來我們停頓下來，他開始在座椅上很用力地蜷曲身體，臉上露出痛苦不堪的表情。我坐在那裡無言無語地等他。一陣子之後，他恢復原樣，就回去上課了。下一次他再來時，我向他肯定地說：我們要談的不是「生命有什麼意義」——我們該談更具體的問題，譬如後來我發現所謂「具體」可以這樣問：「你有什麼事？」或「說說你的故事吧，我很想聽。」

我很快扯回弗蘭可所談的「意義治療法」。我們可以說「We owe him too much.」——我們的整個文化都虧欠很多，我們所負的債，具體而言，就是用修身養性之道來掩蓋，以及阻擋，一整套心理治療體制，而弗蘭可則代表了具體中的具體，雖然他並不是心理治療的一切。

在我晚近出版的一本書《心理學與理心術》中所稱的「理心術」可以概括這筆文化債務的整個處境：「知我者謂我心憂，不知我者謂我何求？」——這是一位亡國者的心聲，拿來說明為什麼要讀弗蘭可的作品，相當合適。這意思是說：我們不能不心憂，但也只能在一個具體的起點上開始有所求。弗蘭可的第一本書是《活出意義來》，原版的出版年是1946年，即他逃過集中營死亡之劫的一年後。我們常以為那是二次大戰後，或歷經災劫的現代文明必然會出現的知

識結晶，但我們放大他的意思，應說那是在反應人類對於殘酷人生的救治之道——然而這樣的反應，在我們的文化傳統中卻從未產生，或甚至不可能具體發生。不是我們經歷的災劫不夠多，而是沒有這樣的反應方式——心理治療從來不是中華文化的核心關切。所以，傾其畢生之力來「反應」這問題的弗蘭可，他的所有作品都值得以這種方式來閱讀——不只是隨便出口回答「生命有什麼意義」的問題，而是拉高問題的門檻：人類被無意義的災劫所困，其中的「我們」（「中華〔中國〕文化」）竟然沒有人以「意義」爲題寫過一本書，因爲我們無言以對。

◆　　　◆　　　◆

我必須避開一般譯者在寫導論時常用的那套不太有意義的書寫慣例，也就是爲本書內容寫些入門簡介。讀者直接讀這本書就是最簡單的入門之法——只是先把我在這裡談的「文化債務」存之於心更好。

這就回頭來談翻譯的問題，以及由譯文而來的幾點問題意識。作爲譯者，我既然沒有責任替作者解說他的著書本意，那就只有一些和作者有關的背景脈絡，值得爲讀者作幾點鋪陳。

1

　　先談書名的翻譯。關於「意義的意志」這個片語，有些翻譯者會刻意加上「朝向（意義的意志）」，因為原文中用 will to 而不是 will of。但我們只要考慮中文的「意／志」兩字，原來就都已包含著 to 的語義：「有意於」、「志於」就是它們的本義。甚至在造字法上，「志」就是「心之所之／所至」[2]；再則因為「意義／意志」中含有「意」的語詞本身都可以作為動詞使用，如：意向，意指，意在，有意於，等等，因此，簡單地說，加上「朝向」實為畫蛇添足之舉，無此必要。此造詞法正如很多人耳熟能詳的「權力（的）意志」（will to power），也一樣不必譯為「朝向權力（的）意志」。

2

　　作者弗蘭可是一位神經科／精神科醫師，他發明了意義治療法，但在此之前，他和每一位醫師一樣，使用藥物治療、物理治療（電療），甚至親手做過腦部前額葉的白質

2　「志」字由「士」「心」兩部件構成，在古漢字中其實是「之／心」，也就是「之／心」──「之／之」都是「至」的意思。

切除手術。在這樣的背景之下，談意義治療法，可知道他對存在哲學素養的高度使他能以超越「具體的存在」之法，來超越一般所謂「客觀的存在」，而能實踐他的治療法——他說他不只是在治病，更重要的是在對待一個「人類的存有」（human being）——此詞也可簡寫為「人存」，或逕稱為「人類」，更簡單而不失其義的就叫做「人」。不過，在本書中，人存（human being）被簡寫為當時通用的「人」（man／men）——這種英文的用法，現今已因為其語義中的性別偏態而被完全捨棄，改用 human（s）來取代。本書也直接使用「人」來取代「人存」，因為在我們自然的語義脈絡中，「人」字本來就可總括「人性／存有／存在」等概念。

3

由於存在主義風潮，我們才會談到「存在／存有」這麼根本的問題，但這又跟它們被翻譯為漢語之後才產生的問題有關。我們應知道，這原是日本的漢語翻譯惹出來的麻煩。我們還是得拿出原文，才有辦法進行追本溯源的工作。

先看看幾個基本語的譯法——這是依照現行的慣例，但要瞭解真正的意義時，望文生義實在不是辦法：

存在＝ existence

存在者＝ existent

存有＝ being

人存＝ human-being

存有論＝ ontology

在世存有＝ being-in-the-world

此在＝ Dasein

此在分析＝ Daseinsanalyse

存在分析＝ existential analysis

存有（本體）分析＝ ontoanalysis[3]

在本書使用以上字眼的中文譯名時，都是依照現行慣例，對於這些涉及存在主義的概念，我們會發現有很多理解的障礙正是來自這些語詞的翻譯。關於這個問題，本書不可能深究，只是提醒讀者，把來自存在主義的心理治療視爲存在主義哲學的入門之道，可能是一條捷徑，但也可能變成旁門左道。我們不如這樣看：這位維也納的精神科醫師，如何能以他的人文素養爲基礎，而致能夠創造出一種心理治療的

3　Rudolf Allers, "Ontoanalysis: A New Trend in Psychiatry," *Proceedings of the American Catholic Philosophical Association*, 1961, p. 78.

新法──這樣的創造機能，是我們身邊這個專業界、學界能夠效法的嗎？我們如果只能搬弄一些似是而非的翻譯語詞，恐怕連治療的表面效度都無法維持，更遑論創造新法。

此外，意義治療法仍很難避免來自精神分析的一種心理治療法，而精神分析就是治療法的基礎，因此許多涉及精神分析的術語不可隨意採取通俗譯名。理由是：通俗的舊譯中有許多混淆，我在《重讀佛洛伊德》一書中曾特闢一些篇幅，作了商榷釐清，在此不作重複，但可以舉出幾個顯例來說明：

1）本書中把transference譯作「傳移」，而不是常見的「移情」，因為後者會和美學中所討論的「移情」（empathy）混淆不清。漢語美學把empathy譯為「移情」始於上世紀三〇年代朱光潛的《文藝心理學》，且沿用至今。我們後輩不應在不知情的情況下僭奪這個譯名。

2）Id譯作「伊底」，而不叫做「本我」，因為佛洛伊德的原文是das Es（英文＝the It），在理論上是指對不知之物姑名為「它」。若譯為「本我」，則其「不知」之義就會完全喪失。我在其他譯文中曾使用這個加上引號的「它」來作為準確的譯名，但這種翻譯其實不雅，因此早期的譯者高覺敷曾取用「不知伊於胡底」這句成語，還運用其發音的相近性，而鑄造出「伊底」之名。我覺得高覺敷的譯名要高明得多。

總之，「本我」是個相當偏差的譯名，知道的人就不該沿用。

3）另外，談起精神分析就很難避免談到 sex ／ sexuality 這組字眼。在中文翻譯中都被含混地譯爲「性」，實乃現代中文的災難。從古以來我們都知道「食色性也」，這也就是說「性」並非單指一事，即起碼包含著「食事」與「色事」。

爲了避免 sex ／ sexuality 兩詞的混淆，也爲了避免把 sexuality 譯爲「性性」的尷尬，我們在此用「色事」來翻譯 sex，然後用「性事」來翻譯 sexuality；至於「食事」，由於「食」的字義不曾出現混淆，這就可以不必將它包含在「性事」的詞義裡。

4

至於談到你我的生命中是否有比意義更根本的障礙，那就是意志，動機，發願等等的起點，到底是不是眞的存在？

這是在補充說明前文所謂「文化債務」的問題——對此，我們需要還的債就不只是一兩本書，而是一座書山，是一座不在我們土地上的阿爾卑斯山——這意思是說，我們有一大套思維方式，使我們不可能發展到能夠提得出上述問題，以及生產出可用來回答問題的語言。譬如我們從來沒對我們的基本語「是」和「在」感覺到那是問題的根源。直到

後來學到「存有」、「存在」，才驚覺那是我們本來該有的問題。而縱然有了驚覺，這種語言習慣已經形成不可逆的語法慣性，幾乎只能唱唱童謠「點麼膠（diamaga）[4]，黏到腳，哎唷喂呀──」來表達無助的喂嘆。

5

弗蘭可對於精神分析或針對佛洛伊德，在理論上的態度，以我們今日所知來回顧，頗有值得商榷之處。

有關他對待精神分析的方式，尤其是他如何對待佛洛伊德的問題，必須做些額外的澄清。除了在這裡要提出一個通盤的檢視之外，在正文中每當碰到這類問題，都會在譯注中提供該脈絡中必要的說明。

「事實上大部分的動機都可用表面價值來理解。如果連這都要否認的話，那麼，隱藏在這否認機制背後的無意識動機到底會是什麼？」（引述奧波特）

總之，我們並沒有共享「佛洛伊德的信念，亦即他把『決定的』和『動機引發的』視為同一，」這是在引述馬

4　「點麼膠」（diamaga）在台語就是指「柏油」。

斯妻[5] 的話，他責怪佛洛伊德「誤把『決定的』和『由無意識動機而來的』混為一談，簡直好像行為都沒有別的決定因子可言。」

這些都屬於一種狹點的質問，以及過於簡單的等式，出於人格心理學家奧波特與人本主義心理學家馬斯婁。他們意指「無意識動機」是個可疑的理論概念。用美國人本主義的觀點來提出這種質問，實際上沒有必然性，而且也被歷史證明了他們只從歐洲輸入薄薄一層的理解。譬如有些來自歐陸的存在（主義）心理治療師，雖然常被歸入美國人本主義陣營，但他們根本不認為「無意識動機」是個多餘的概念——譬如賓斯汪格。[6]

另外，談到歐洲和美國思潮的差異，我們可看看關於哲學與性事的壓抑或昇華之間的關係——弗蘭可是這樣說的：「佛洛伊德本人鄙視哲學，也把它排遣為只不過是性事壓抑之後的某種體面的昇華形式」——這樣的說法對於佛洛伊德學說是相當粗率的評論，似乎只迎合了當年在美國發展出

5　Abraham H. Maslow, *Motivation and Personality*, Harper & Brothers, New York, 1954, p. 294.

6　見 Rollo May 等人所編譯的 *Existence* 一書。

來的論調，而在歐洲學術圈裡從未產生這種偏見，以致在歐洲，把精神分析與哲學並列的學府，比比皆是，然而在美國的大學中，直到七、八〇年代之前，精神分析無法生根，包括心理學系也無法承認其正當性。

作者既是個尼采信徒，但他把佛洛伊德稱為「本能論」，因而反對此說。那麼，何不試看看尼采的說法：「『處於有意識狀態』並不定然具有反對本能的意思：哲學家大多數有意識的思維乃是偷偷地被引導然後被逼入他的本能之某些管道中。」[7] 問題是：這個尼采／佛洛伊德的「本能」，和那個生物學的「本能」，意思全然不同。驅力／動力的本能，跟先天的本能相較，前者須以意志來表現，後者卻只是根據先天設定的程式來行動，根本沒有意志的問題。連這問題都無法分辨，再度說明了美國流行的通俗觀念實在不足取法。

6

我們還不如更加注意弗蘭可在本書中最有貢獻的哲

7　"Being conscious" is not in any decisive sense the opposite of what is instinctive: most of the conscious thinking of a philosopher is secretly guided and forced into certain channels by his instincts.

學，或卽後設理論，他稱爲「向度人類學（dimensional anthropology）與「向度存有論」（dimensional ontology）。他利用投影幾何學來畫出一些圖示，說明在不同向度的光照之下，會顯現不同的投影。可見他也不反對哲學，但卻是快刀斬亂麻，把哲學上的後設爭辯改用中學生都能懂得的方式來陳述。本書中的哲學論題幾乎都用這種簡易的解釋來改變觀點上的向度，去除思想上的糾纏。包括意義治療法的整套意思，後來就結晶爲兩個思維邏輯的解題法：「弔詭意向」與「去（除）反思」（本書中只譯爲「反反思」）。」意義一直是哲學上的大問題，但弗蘭可醫師所用的心理手術，[8] 操作的是人的「想法」──這不同於心理治療中的認知療法，把語言的表面視爲認知的材料，弗蘭可醫師是用哲學思維的基礎來對人的存在處境下手──這不是在改變體質，也不是改變現實條件，而是讓人的想法產生了「向度改變」。

7

最後還有一個很根本的的問題，我們再度回到文化條

8　在我的著作中，是用「理心術」來作爲這些操作方法的總稱。見宋文里，2018，《心理學與理心術：心靈的社會建構八講》台北：心靈工坊。

件的差異，來想想弗蘭可說的這句話：「貧弱的宗教生活並
不總是能夠推回負面父親形象的衝擊。」——宗教生活是否
「貧弱」？這在我們的傳統中可能是個難以理解的問題。但
我們從作者在本書末章討論「醫療事工」的文章中，也會瞭
解：以奧地利的文化脈絡來說，醫療之所以要用「宗教事
工」來做類比，正因為大部分的當地人都過著宗教生活，而
且這種生活也確有貧富差異。我們很容易瞭解經濟生活上的
貧富之別，卻只能遠望歐洲人有宗教生活上的貧富之別。看
來，我們一直相信「中／西」之間有「精神／物質」範疇上
的對比，實際上只是一陣19世紀末的西潮所帶來的思想迷
霧，一直到今天，恐怕還是霧霾未散。

在第6章注腳中，弗蘭可說：「在此我有準備要面對來
自神學家的反對，因為總有人說，在不利的教育條件中要
建立自己的宗教信仰，若非受到神的恩寵，那簡直無法想
像……[9]」——他會加上這段注腳，可知有「神學家的反對」

9　在……之後，他還繼續說了會讓我們的讀者吃驚的話：「如果人要信神，
他必由神恩扶持。但別忘記，我所參照的研究架構是心理學，或也可說
是人類學：換言之，是在人的層面進行的研究。然而，神恩卻立基於超
自然的向度，因此在人的平面上就只能顯現為一種投射。換句話說，在
自然的平面上所顯現為人的抉擇者，也很可以詮釋為在超自然平面上，
有神的加持。」——這仍然是在為神學說項，而不是要擺脫神學。

相當眞實，而那正是我們難以想像，也不會看見的反對。我們既「沒有神學傳統」（余英時語），那麼，我們該以什麼文化脈絡來參與這種精神對話呢？

再三強調文化傳統的差異，是要提醒讀者時時注意自己的思維習性，注意我們的想法當中所謂「精神」，是如何欠缺「意義」以及「意志」，如何忽視價値和目的的行動。我再引述一次余英時很坦白的評論：「中國一接觸西方，就覺得自己越來越不行。五四以來，中國一直覺得自己不行，中國也確實有問題⋯⋯。」（出自〈大中國思想是很壞的思想〉一文）直到現在，這場世紀性的「不行」，讓我們迫切需要從根底裡變得「能行」。我認爲與其說是要參與「精神對話」，不如來讀讀這本不靠神恩，也不靠大中國思想的方法改革之論，我們來看看「意義」到底有什麼意思，如何在意志奮發之中成爲一個「行者」——不是用西遊記來說嘴，是在自己的根柢裡學會去除「不行」的思維習性，則讀此書者將有幸重新設定價値與目的，去行行很好懂的意義。